ちくま新書

死生観を問いなおす

広井良典
Hiroi Yoshinori

317

死生観を問いなおす【目次】

第四の旅 俗なる時間と聖なる時間 131

プロローグ――死生観と時間

†ターミナルケアと死生観

日本がこれから迎える時代の特徴というのは様々にあるだろうけれども、そのひとつに「死亡者急増時代」ということがある。滅相もない、という印象があるかもしれないが、要するにこれは「一年間に死ぬ人の数が今後急速に増えていく」ということである。

年間死亡者数は例えば戦後まもない一九五〇年の時点で約九〇万人で、以後一時減少、横ばいという流れをたどり、九三年で八八万人とそう変わっていなかった。それが、今後は大幅に増加し、二〇一〇年には一三三万人となる（図1、国立社会保障・人口問題研究所推計）。

「これからの最大の成長産業は葬儀産業」という、再び滅相もないことを言う人がいるが、それは事実としては誤っていないことになる。ちなみに、言うまでもなく、この急増の大きな背景は人口高齢化ということであり、増加の大部分を占めるのは「後期高齢者」、つまり八〇歳や九〇歳代の方々の死亡である。

図1　年齢階級別死亡数の推移と予測

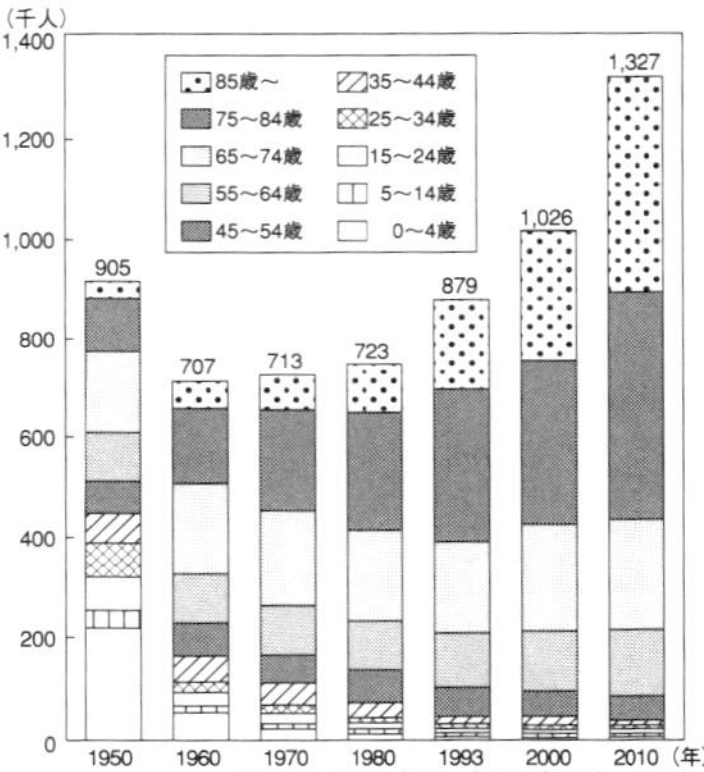

（出所）厚生白書（1995年版）、P.19

そうなると、たとえばターミナルケア、すなわち終末期に求められるケアのあり方ということについても新しい視点が必要になってくる。これまでのわが国のターミナルケアの議論の中心を占めてきたのはがんのターミナルケアで、念頭に置かれるのも、四〇代、五〇代、六〇代といった、比較的若い年齢での死ということが多かった。後期高齢者の死が急増するこれからの時代には、ターミナルケアについても、いわば「長期にわたる介護の延長」に死の看とりがあるようなかたちで増え、その結果、福祉的なサービスを含めたより幅広い対応が必要になってくる。ターミナルケアは決して「医療」のみの問題ではないのである。

そしてもちろん、このように年間の死亡者が急速に増加する中で、「死」という現象が人々にとってある意味でより身近な、あるいは日常的なものとなっていくのがこれからの時代のひとつの特徴であるだろう。

ところで、私の印象では、わが国でのターミナルケアに関する議論は、技術的な話が先行しすぎ、「死」とはそもそも何か、という、ある意味でターミナルケアの本質とも言える点についての対応が遅れがちになっているのではないだろうか。技術的な話というのは、たとえば安楽死と尊厳死との関係をどう考えるかとか、いわゆる延命医療のあり方はどうあるべきか等々といった話題である。もちろんこうしたテーマが重要であることは確かなことである。しかしこれらは最終的には「生の終わりの最後の数日間〜数時間」をどう過ごすか、という、いわば生の内側に完結した話であり、「死」**そのもの**をどう理解し、あるいは死ということを生の全体との関係でどうとらえるか、ということに直接関わるものではない。けれどもターミナルケアにとってもっとも本質的なのは、まさにそうした「死」そのものをどう理解するか、ということなのではないか。

もちろん、そうした死そのものについての理解に何らかの確固たるものがあるのであれば、あとはいまふれたような技術的な問題に関心を集中させればよい。しかし、たとえば欧米諸国のように、（いくら世俗化が進んでいるとはいえ）なお確固たるキリスト教の死生観が人々の意識や日常生活の中に浸透しているといえる国々とは違って、現在の日本においては、後に改めて考えていくように、**死生観そのものがほとんど「空洞化」している、**というような状況になっている。そしてこのことは、私自身の世代を含め、特に若い世代になるほど著しい。このような日本の現状であるからなおさら、ターミナルケアということを考えていくうえで、いやターミナルケアという課題を離れてなお、「死そのもの」をどうとらえるか、どのような死生観を自らのものとするかということが特に大きな、ある意味でもっとも切迫したテーマとなるのである。

†死生観の空洞化

いま現在の日本における「死生観の空洞化」ということを述べたが、これについてもう少し考えてみたい。

ここで死生観と言っているのは、さしあたり簡潔に言えば「**私の生そして死が、宇宙や生命全体の流れの中で、どのような位置にあり、どのような意味をもっているか、についての考えや理解**」とでも表されるような内容のものである。もっと簡単に「〝私はどこから来てどこに行くのか〟という問いに対する一定の答えを与えるもの」と言ってもよいかもしれない。いずれにしても「(私の)生の全体」を死との関係において、あるいは逆に死そのものを生の全体との関係においてどう理解するかの土台を提供するのが、ここでいう死生観である。

明らかに戦後の日本はこうしたテーマを脇に置いてきた。歴史的な流れで見ると、心理学者の河合隼雄氏が述べているように、「もともと日本人は死ぬことばかり考えてきた。『武士道と云ふは死ぬ事と見つけたり』という言葉もあったし。戦争中は、死ぬことばかり考える悪い時代の典型だった。戦後はその反動で、生きる方へ振れた。日本人はますます伝統を忘れ、死を考えない珍しい時代が続いた。」(「日本経済新聞」一九九六年六月二二日)というのはまったくその通りのことだろう。

また、この点は現実にはある種の「世代」的なギャップの大きさを感じるところでもある。私は三世代同居の家に生まれ育った中でそれなりの実感を伴って感じるのだが、ごく大まかな言い方が許されるとすれば、現在の、七〇代以上といったある程度の年配の世代の場合は、日本人の伝統的な死生観——たとえば、死んだら土に還る、といった素朴な感覚を含めて——がなお意識の深い部分に浸透しているように思われる。

これに対し、たとえば団塊の世代と呼ばれる世代前後の人々になると、戦争直後の物質的な欠乏の時代の感覚をベースにもちつつ、まさに経済成長をゴールに、かつ圧倒的な「欧米志向」(日本的なもの、伝統的なものに対する否定的な感覚)のもとで突っ走る、という時代に育ってきた分、「死とは要するに『無』であり、死についてそれ以上あれこれ考えても意味のないことで、ともかく生の充実を図ることこそがすべてなのだ」といった意識をもつ人が比較的多いという感じを私はもっている(もちろん個人差が大きいのだが)。

ところが、私前後（つまり一九六〇年前後生まれ以降）の世代になってくると、生まれた時から一定以上の物質的な豊かさの中で育ち、少なくとも経済的な困窮ということが生きていく上でのモチベーションとなるといったことはなく、むしろ物質的な富の過剰の中で「生きているという実感」がもちにくい、「生きていくことの意味」が見出しにくい、といった感覚をもつ者が（もちろんここでも個人差はあるけれども）明らかに増えていると思われる。では物質的な豊かさの追求ということに代わる別の「価値」やよりどころというものが見出せているかというと、全くそうではなく、また当然のことながら、そうしたこと――人間の生や死にどういう意味があるのか、といった話題や、ひいては死生観に関すること――は家や学校で正面から取り上げられることも話題にされることもなかった。

こうして死生観の空洞化ということがはっきりと現実のものとなる。それは**死の意味がわからないということであり、同時に「生の意味づけ」がよく見えない、**という感覚である。こうした状況の中で、一部の者はカルト的なものを含めて様々な宗教に引き寄せられることになる。

考えてみれば、戦後の日本社会ほど、すべてが「世俗化」され、現世的なこと以外を考えるのはおかしなことだ、とされた社会は世界的に見ても珍しいと言えるのではないだろうか。ある意味では経済成長、または物質的な富の拡大ということ自体が、戦後の日本人にとってひとつの強力な「宗教」として機能した、と言えるのかもしれない。しかし時代はもはやそうした浮揚力をもつ時代ではなく、また生における物質的な富の拡大が、死をも背景に退けさせられるほどの輝きをもって受け止められる、といった状況ではなくなっている。まさに死生観の構築ということが強く求められているのである。

†大学での経験から

ところで、先ほど私前後の世代から特に死生観の空洞化ということがはっきり現われるようになっている、ということを述べたが、このことは、大学において二〇歳前後の学生たちに接していても様々なかたちで感じられることである。繰り返すように、死生観に関するようなこと、つまり宇宙や歴史の中での人間のいる位置や生と死の意味、といったことについて、日常の中でほとんど無意識的なかたちでキリスト教的な世界観にふれながら成長することになるヨーロッパなどの国々に比べ、戦後日本の学校教育ではほとんど正面から取り上げられることがない。だから、このような基本的な問いに対するある種の「飢餓感」のようなものは、特に現在の若い世代などには相当強いものになっているような気が私はしている。しかも、こうした話題が学校や家庭で正面から取り上げられない（特に「宗教」に関わることは戦後の日本の公的な空間ではほとんどタブー視される）ぶん、生や死の意味というテーマに関して、むしろアニメや音楽がそれを補う、いや補うというより主要な役割を果たしている、と思えるのである(古くは手塚治虫の作品など、最近ではたとえばアニメの「エヴァンゲリオン」など)。

例えば私のゼミの学生(四年生、女子)が、卒業論文の構想にあたり「生と死、心と体、老いについて疑問に思っていること」として初めに立てた問いは次のようなものである。

「・生まれて、生きて、死ぬことに意味はあるの?
・人間は特別な生き物なの?
・幸せって? どうして幸せな人とそうでない人がいるの?
・心って何? 心が病むとはどういうこと?
・どうして歳をとると衰えてしまうの?
・神様はいるの? いるとしたらワガママだ。
・私はどこからきて、どこへ行くの? それとももうどこにも行かないの?

etc…

答えがみえない問題だが自分なりに考えてみたい。」

これは一例にすぎないが、こうしたテーマに強い関心をもち、あるいは問いを発する学生は非常に多い。念のため付け加えると、筆者が所属しているのは経済学科（一九九九年からは総合政策学科）なので、たとえば哲学科のような、とりわけ哲学や生と死の意味といったテーマに特別の関心をもつ学生が集まっているところではない。しかし小人数のゼミナールはもちろん、大教室の講義でも「生と死について考える」といったテーマを出すと実に様々な内容の意見が提出される。

これについてくわしく述べ始めるとそれ自体で一冊の本になるようなものなので、ここではこれ以上は立ち入らないが、一点だけふれると、「自分という存在は、死んだ後も何らかのかたちで存在し続ける」という、輪廻転生的な感覚をもつ学生が想像以上に多い、ということがいえるように思う。たとえばある学生は、レポートの中で「死に対する恐怖をぬぐい去るためには、いくつかの方法がある」と述べた後で、そのひとつとして輪廻転生的な見方にふれ、「言葉で説明するのはなかなか難しいが、つまりどの時代でも私は存在しているということだ」とその意味をまとめている。

すなわちこういうことだ。通常の意味でのこの「私」が死んだ後も、私はかたちを変えて存在し続ける。したがってそのような意味での私には「死」はない。これはたしかに「私の死」というものを乗りこえるひとつの世界観であり、様々な宗教や文化が異なる表現を与えてきたものでもある。そうした考え方をどう理解していくかは本書の中で考えていくとして、いずれにしても、そこで感じられるのは、先にもふれたように、現在の日本の教育あるいは社会ではこうした死生観に関するテーマについてきちんとした導きの糸(「答え」でなくてよい)を与えられることが非常に少ない、ということである。

もちろんこれは若い世代に限った問題ではなく、現在の日本社会全体にとっての、あるいは日本人全体にとってのテーマである。たとえば先のような問いに、どのようなかたちであれ正面から答えられる(あるいは答えようとする)大人がいまの日本でどれだけいるだろうか。いや、他人からの問いに答えるというより、これらは自分自身にそのまま跳ね返ってくる問いというべきだろう。「私」自身の生と死、死生観に関わる問いなのである。

†死生観と時間

現在の日本社会における死生観の空洞化ということについて述べたが、ここで、議論を一歩進めて、死生観そのものの中身についてもう少し考えてみよう。そして、実はここで浮かび上がるのが、本書のもうひとつの主題である「時間」というテーマなのである。

話の手がかりとして、「ライフサイクル」のイメージというものを考えてみたい。ここで「ライフサイクル」とは、人が生まれ、成長し、老い、死んでいくという人生の全体的な過程、という意味であるが、ライフサイクルというものについて人々がもつイメージには、大きく二つのタイプがあるように思われる。ひとつは「**直線としてのライフサイクル・イメージ**」であり、もうひとつは「**円環としてのライフサイクル・イメージ**」である。

前者（直線としてのライフサイクル・イメージ）の場合、人生とは基本的に「上昇、進歩する線」のようなものであり、死はその果ての「無」への落下という意味合いが強くなる。おそらく高度経済成長時代を駆け抜けてきた戦後の日本人にとってのライフサイクル・イメージも、ある意味でこうした「直線的」なそれに近かった、と言えるのではなかろうか。「生」の充実を、とりわけ豊かさの実現を通じて追求していき、その果てにある「死」については視野には入れないようにする……。そのような志向が社会全体に強くあらわれた時代だったように思えるのである。

ところで、ユダヤ・キリスト教の世界観はこちらのライフサイクル・イメージに重なってくるが、しかしその場合には死の果ての先に「(世界の) 終末における再生、復活」が想定されているので、個人の死は単にそこで終わるのではない。再生の後に「永遠の生命」に至る、という点が、その死生観の核心となっているのである。

他方、後者（円環としてのライフサイクル・イメージ）のほうでは、人生とは、生まれた場所からいわば大きく弧を描いてもとの場所に戻っていくようなプロセスとして考えられる。したがって、こうした見方では、「生（生誕）」と「死」とは同じところに位置することになる。生と死とが同じところに位置するとは一見奇妙に響くかもしれないが、考えてみれば、「生まれる前の世界」と「死んだ後の世界」は、かりにともに無であるとしても、まさにともに「無」である限りにおいて区別がつかないわけだから、死とは「生まれる前の場所へ戻っていくこと」であると考えてもよいわけである（こうしたライフサイクルと死の理解については後に改めて考えてみたい）。

以上は「個人」のライフサイクル（人生）にそくした話であるが、実はこれと同じようなことを、個人の生を超えた、いわば宇宙全体についても考えることができる。いわば、「個人の時間（ライフサイクル）」に対する意味での「宇宙の時間（ライフサイクル）」とでも言えようか。

つまり、ここでもやはり直線的な時間と円環的な時間の対比が浮かび上がる。前者は要するに「宇宙には始めと終わりがある」という考えないし理解である（正確にいうと「直線」というより「線分」としての時間ということになろうか）。これに対して後者は、例えば車輪にたとえると、「永遠の質料（素材）」とでも言うべき不動の中心があり、そのまわりを現象としての時間が回転しているが、中心はいわば「永遠」に不変である、といった世界像である。

本文のなかでくわしく考えていきたいが、仏教の時間観は基本的にこうした要素をもつものであるだろうし、一方、後に改めて見るように、初期のキリスト教神学は、後者（円環）を象徴するギリシャ的な時間観に対し、前者の（直線的な）宇宙観ないし時間観を体系化するのにもっとも大きなエネルギーを注いだのであった。

†「永遠」とは

こうしたことを少し別の角度からみると、これらはいずれも「永遠」というものを、それぞれ違ったかたちではあれ、何らかのかたちで位置づけようとする試みであるように見える。つまり、キリスト教の場合には、「始めと終わり」のあるこの世の時間の先に、つまり終末の先に、この世とは異なる「永遠の時間」が存在する、と考える。さらに言えば、そこに至ることこそが救済への途なのである（死→復活→永遠という構図）。他方、仏教の場合には、先に車輪のたとえをしたけれども、回転する現象としての時間の中にとどまり続けること、つまり輪廻転生の中に投げ出されていることは「一切皆苦」であり、そこから抜け出して（車輪の中心部である）「永遠の時間」に至ることが、やはり救済となる（輪廻→解脱→永遠という構図）。

念のために補足すると、ここでいう「永遠」とは、「時間がずっと続くこと」という意味というよりは、むしろ「**時間を超えていること**（超・時間性）、時間が存在しないこと（無・時間性）」といった意味である。これは「聖なる時間」とも呼べるようなものであり、すべてが世俗化された戦後の日本においては意識の外に追いやられていたものと言えるかもしれない。しかしこうした「永遠」というテーマは、そのまま「死」というものをどう理解するかということと直結する主題である。だからこそ、あらゆる宗教にとって、というより人間にとって、この「永遠」というものを自分のなかでどう位置づけ、理解するかが、死生観の根幹をなすと言ってもよいのである。

最近、地域の文化センターのようなところで以上のような話をしていたら、早速参加者の中から次のような質問が出た。それは「キリスト教の場合は、この世界の始まりの前と、終わりの後に、それぞれ『永遠』があることになるが、ではその二つの『永遠』は同じものなのか、別物なのか」という質問である。これは一見、言葉を遊んでいるような内容に聞こえるかもしれないが、全くそうではなくて、いまここで考えているテーマの核心をついた内容となっていると私は思う（後に見ていくように、クルマンという神学者が『キリストと時』という本のなかでこうしたことについて論じている）。その場で私は自分自身の理解がはっきりしていないことに戸惑いながら、とりあえずこう答えた。「それは別物だと思う。なぜなら、もし同じだとしたら、それは結局もとの場所に帰ることになって『円環的な時間』と同じになってしまうから」。つまり、あくまで「始めと終わり」が区別されるか、同じと考えるかという点に、先ほど来の「円環的な時間」と「直線的な時間」の違いがあるわけである。それは、いわば〝時間軸上に永遠を位置づける〟(キリスト教の場合)か、〝時間に対して永遠を優位に置く〟(仏教など)か、という違いと言ってもよいだろう。

このように考えていくと、再び問いは先にふれた個人の生と死(ライフサイクル・イメージ)の問題に帰ってくる。はたして生まれる前の場所と死んでいく場所とは同じなのだろうか。そこにある「永遠」とは何であろうか。いずれにしても、このような問いを掘り下げ、その人なりの「永遠」というものの意味を心の奥深くで見出すこと――ということはすなわち、本書の中で改めて論じていくように、死にゆく場所としての「たましいの帰っていく場所」を自分のなかでしっかりと確かめ位置づけるということ――こそが、ターミナルケアそして死生観の確立において何よりも本質的なことであるように思えるのである。

ライフサイクルをめぐる円環と直線、宇宙の始まりと終わり、永遠の意味……ここまでの記述で死生観ということに関して言及してきたこれらのことがらは、すべて「時間」に関することがらである。つまり、**死生観というものの核心にあるのは、実は「時間」というものをどう理解するか、というテーマ**なのではないか。これが本書の出発点にあたっての基本的な問題意識である。

本書の構成と流れ

ここまでの流れを振り返ると、ターミナルケアの話題から始め、現在の日本における「死生観の空洞化」ということに及び、それとの関連で「ライフサイクル」のイメージについて考えた。さらにそこから発展して「死生観とは時間の問題」であるとし、ではそもそも時間とは何だろうか、という問いにたどりついたのだった。したがって、本書での導きの糸となるのは「時間」であるけれども、それだけを切り離して考えるのではなく、あくまで死生観というテーマ、生や老いや死の意味という根本にある主題に通ずる限りでの「時間」ということに関心をしぼりたいと思う。

そうしたことを踏まえた上で、本書では概ね次のような枠組みに沿って議論を展開していきたい。

一口に「時間」といっても様々なレベルがある。「カレンダー的な時間」と呼んだような、数量的な「直線」としての、あるいは「座標軸」としての時間というレベルもあれば、事物の変化や運動、リズムといったものそれ自体に関して言われる時間もある。また、「記憶」や「予測」、「知覚」等々という具合に、人間の意識にそくして語られる時間もあ

図２　意識／世界の構造と時間

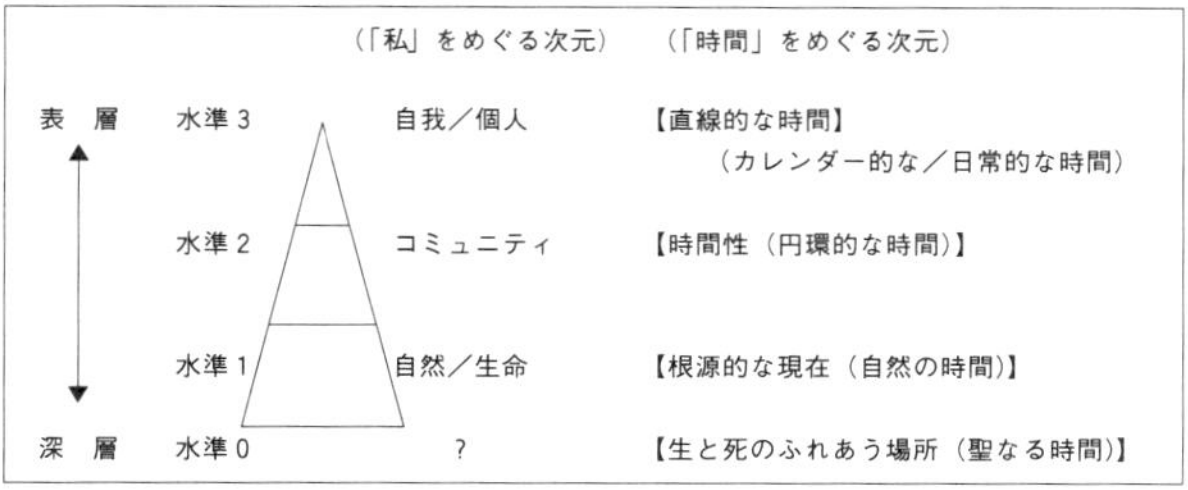

		(「私」をめぐる次元)	(「時間」をめぐる次元)
表層	水準3	自我／個人	【直線的な時間】（カレンダー的な／日常的な時間）
	水準2	コミュニティ	【時間性（円環的な時間）】
	水準1	自然／生命	【根源的な現在（自然の時間）】
深層	水準0	？	【生と死のふれあう場所（聖なる時間）】

れば、例えば生命の進化、地球の歴史といった地質学的な時間、既にふれてきた宇宙の歴史等々というような、自然そのものにそくした時間というものもある。また、もっとも根底的には、死生観や、広い意味の宗教的な文脈において、「永遠」や「救済」といった主題とともに語られる「時間」がある。このように、「時間」をめぐるテーマは、個人から宇宙までの広がりをもち、またそれに対するアプローチも、哲学などの人文科学、自然科学、宗教等々というように、文字通り分野横断的あるいは学際的なものである。

　これら時間をめぐる様々な側面について、本書では、いわば時間の比較的「表層的」とも言える次元から、次第により「深層的」な次元へと「旅」を進めていくようなかたちで、考察を展開していければと考えている。その場合の、大まかなフレームとして、図２のような枠組みを仮に設定しておこう。

　このような枠組みを踏まえながら、本書では各章を四つの

「旅」に照応させるようなかたちで次のように議論を展開していきたい。

まず、**第一の旅（現象する時間と潜在する時間）**では、私たちが通常イメージしている「直線的な時間」というものが必ずしも自明の存在ではないことを示し、このことを手がかりとして、刻々と変化する瞬間のいわば底にひそむ、〃時間のより深い層〃というものに関心を向けていく。いわば「時間の旅」への出発の場所である（図の「水準3」）。

続いて**第二の旅（老人の時間と子どもの時間）**では、「子どもの期間と老人の期間が長い」という生物としてのヒトの特徴から始め、先ほども少しふれた「子ども—大人—老人」というライフサイクルと時間との関わりに関心を向ける。これらを通じて「個人の時間／直線的な時間」の底にある「コミュニティの時間／円環的な時間」の意味を明らかにしていきたい（「水準2」）。

さらに**第三の旅（人間の時間と自然の時間）**では、視点を人間のみのレベルからより根底的な自然のレベルに移し、自然や生命の全体を含めた時間の意味について考える。時間は人間にとってのみ存在するのか、人間にとっての時間と様々な動物や植物にとっての時間は同じものなのか（時間は実は「複数」存在するのではないか）、ゆったりと流れる「自然の時間」とのつながりを回復することが現代人にとっての癒しとなるのではないか、等々（「水準1」）。

そして最終章の**第四の旅（俗なる時間と聖なる時間）**は、死生観に関わることがらを含め、本書のエッセンスとなるものである。第三の旅までで、いわば生命あるこの世界におけるもっとも深い時間の層にまで至ったことになるが、本章ではさらにその先の次元、いわば〝存在のゼロ・ポイント〟ともいうべきレベルに関心を向ける。それは「生と死がふれあう」次元であり、また、「時間と永遠」とがふれあう場所でもある。特に仏教とキリスト教の時間観の比較、これらと日本人の死生観との関わりなどを素材としながら、現代人にとっての「たましいの帰っていく場所」、生の全体を支えるよりどころの意味を追求していきたい（「水準0」）。

では、プロローグで述べた問題意識や以上のような流れを踏まえながら、死生観と時間をめぐるしばらくの旅に出ていくことにしよう。

第一の旅

現象する時間と潜在する時間

1　時間の誕生

†時間への問い

時間とは何だろうか。あるいはこうして「時間とは何か」という問いを立てることを通じて、私たちはいったい本当のところ、そこで何を問うていることになるのだろうか。

たしかに一見、時間というものは私たちの日常のなかで、あまりにも自明のものである。それはさしあたり、「あす午後三時に渋谷で友人と会うことになっている」、「来月の一五日までにいまの仕事を仕上げなければならない」等々といったかたちで表現されるもので、いうならば「カレンダー的な時間」と呼べるようなものである。そして、もしも「そもそも時間とは何か」という問いに、ふと意表をつかれるような面があるとすれば、それは時間というものが私たちの日常生活において、あまりにも自明なものであるからかえってそうなのだ、とも言えるだろう。

いま、時間というものが私たちの「日常生活」においてきわめて自明なものとしてある、と述べたが、逆にこのことから気づかされるのは、私たちが「時間とはいったい何だろう」といった問いを発したくなるのは、しばしば、「日常」をふと離れ、通常の生活や、場合によっては自分の人生といったものを、少し距離を置いて見つめる、あるいは見つめざるをえない、というような状況や場面に置かれたときではないか、ということである。

本書の冒頭でターミナルケアの話をしたが、たとえばある人が、何らかの病気であと一、二か月の命が残されているのみ、という状況に置かれているとした場合、その人にとっては、先ほど述べたような「カレンダー的な時間」はほとんど意味のない、はかないものとしか感じられないのではなかろうか。そしてその人にとっては、そうした「カレンダー的な時間」の、いわばもっと根底にある、「時間」のより深い次元、とでもいったものに思いが及ぶのではないだろうか。

「時間のより深い次元」ということをやや唐突な形で述べたが、たとえて言うと次のようなことである。川や、あるいは海での水の流れを考えると、表面は速い速度で流れ、水がどんどん流れ去っている。しかしその底のほうの部分になると、流れのスピードは次第にゆったりとしたものとなり、場合によってはほとんど動かない状態であったりする。これと同じようなことが、「時間」についても言えることがあるのではないだろうか。日々刻々と、あるいは瞬間瞬間に過ぎ去り、変化していく時間。この「カレンダー的な時間」の底に、もう少し深い時間の次元といったものが存在し、私たちの生はそうした時間の層によって意味を与えられている、とは考えられないだろうか？

†時間の実在性

さて、先ほどから私たちの日常生活においてあまりにも自明な「カレンダー的な時間」ということを述べているが、実はこの「カレンダー的な時間」そのものをとってみても、ちょっと考えてみると、それがそう簡単な存在とは言えない面をたくさんもっていることに気づかされる。このことを明らかにするために、次のような三つの文章ないし質問を順に見て、それに「イエス」と答えるべきか「ノー」と答えるべきか、について考えていただきたい。

（1）この私が死んだ後も、
　時間は流れ続ける（または、時は刻み続ける）か？………yes/no

（2）すべての人間（人類全体）が死に絶えた後も、
　時間は流れ続ける（または、時は刻み続ける）か？………yes/no

（3）宇宙がすべて消滅した後も、
　時間は流れ続ける（または、時は刻み続ける）か？………yes/no

私は大学のゼミなどで、「時間というものはふだん思っているほど自明の存在ではない」、「時間とは何かということ」というテーマは、生と死ということについて考える際に本質的な意味をもっている」ということを学生たちに気づいてもらうために、時々この三つの質問を示すことがある。そうした場合、当然のことながら、(1)から(3)に移るにつれて、「no」のほうに手を挙げる学生が増えていく。ある者は(1)の問いから既に「no」ではないかと言い、ある者は(3)についても断じて「yes」であるとする。ただ、大多数の者は、(1)から(3)に問いが移行するそのどこかで、「yes」から「no」へと答えを変更するのであり、いわば(1)から(3)のどこで「yes」から「no」への変更を行うか(あるいは初めから「no」とし、または最後まで「yes」とするか)に、その人の「時間」観、あるいはもしかしたら世界観ともいうべきものが、象徴的に示されている、といえるかもしれない。

いま述べた問いは、「時間」というものが、私たちが通常考えているほど自明とはいえない面をもっている、ということを示すためにさしあたり掲げたもので、ここで直ちに結論を出すことが目的ではない。ただ、あえて整理して言えば、これらの問いを通じて問われているのは、「時間」の実在性、とでもいうべき点であり、それに対する見方として、次のような考え方がありうる、ということになるだろう。

（a）「時間は私（の意識）とともに（のみ）存在するものである」
（b）「時間は人間とともに（のみ）存在するものである」
（c）「時間は宇宙とともに（のみ）存在するものである」
（d）「時間はそれ自体において（独立して）存在するものである」

あるいはまた、逆にこうした問いを考える中で、初めて「では時間とはそもそも何なのか」という問いが、問いとしての意味をもつものとして、浮かび上がってくるのではなかろうか。

†時間はいつ生まれたか

いま「三つの質問」ということを通じて問題にしたのは、私の死後や宇宙の死（消滅）の後、という、世界や時間の「終わり」に関することであるが、同様に、世界や時間の「始まり」はどうなっていたのか、という問いが自然と浮かび上がってくる。

この古くて新しい問いについて、今に残るかたちでもっともストレートな議論を古い時代に展開した一人が、先にもふれた、四－五世紀に活躍し中世のキリスト教神学の基礎固めを行った人物であるアウグスティヌスである。

アウグスティヌスは若い時の恋愛経験を含めた自らの人生の遍歴や迷い、その帰結としてたどりついたキリスト教への回心までの苦難や現在の歓びをつづった著作『告白』(書かれたのは三九七年―四〇〇年)の後半部で、正面からの「時間論」を展開する。アウグスティヌスの問いかけや考察はきわめて率直で、それは文字通り一六〇〇年の「時間」を超えて今に響いてくる内容となっている(ちょうど、『源氏物語』や『更級日記』といった平安時代に書かれた日本の古典を読んで、人間の感情や気持ちのもち方というのは何百年たってもそう変わらないと感じるようなことと似ている)。

アウグスティヌスが「時間」について問うとき中心的なテーマのひとつとなっているのは、太初に神が世界を創造したとする『旧約聖書』「創世記」の記述である。ここで確認的にふれておくと、当時アウグスティヌスが何らかのかたちで決着をつける必要があったのは、ギリシャ的な時間観――世界には「始まり」も「終わり」もなく、いわば「永遠の質料(素材)」ともいうべき不動の中心のまわりを現象が無限に生起し、繰り返している、という時間観あるいは宇宙観――をどう受けとめるか、という点であった。言うまでもなく、このようなギリシャ的な時間観は、世界には「始まりと終わり」があるとする、キリスト教的な時間観と真っ向から対立する。もちろん、アウグスティヌスは、「世界は無から造られた」(無からの創造)ということをはっきりと定式化したうえで、結論としてはキリスト教的な時間観の正当性を基礎づけようとするわけであるが、そのためにはどうしても宇宙と時間の「始まり」をめぐる問題に決着をつける必要があったのである。

アウグスティヌスの議論は次の問いをめぐって展開する。それは、神が天地（世界）を創造したのだとするなら「神は天地を創造する以前、何をしていたのか」と問い返す者に対してどう答えられるのか、という点である。彼によれば、〝そうした愚かな問いを発する人のために神は（創造前には）地獄の準備をしていたのだ〟と冗談めかして答える人がいるけれど、彼（アウグスティヌス）はそんなふざけた答えはしないと言う。問いは問いとして真正面から答えられなければならない。

この問いは、一見愚にもつかない、言葉をもてあそんでいるような問いに響くかもしれないが、時間や宇宙の存在についての、素朴ではあるがもっとも基本的な問いかけを含んでいる。もしも神が世界あるいは宇宙を創造したのだとしたら、つまり世界や宇宙に「始まり」があるのだとしたら、その「前」はどうなっていたのだろうか。そしてその間、当の神は何をしていたのだろうか。これは、後にも見ていくように、現代の宇宙論にもつながる、根源的な問いとも言える。

これに対するアウグスティヌスの答えは、きわめてシンプルでありまた明快である。それは、〝**「時間」そのものも創造の時に生まれた**〟、というものである。彼自身の言葉を聞いてみよう。

まさに時間そのものを、あなた（神）はお造りになったのですから、時間をお造りになる前に、時間が過ぎ去るなどということはありようはずがありません。天地の存在する以前には時間も存在しなかったとすると、「そのときあなたは何をしていたか」などと、どうしてたずねるのでしょうか。時間がなかったところには、「そのとき」などもなかったのです。（『告白』第一一巻、第一三章、山田晶責任編集『世界の名著14 アウグスティヌス』、中央公論社）

これはある意味できわめて論理的で首尾一貫した考えと言えるだろう。宇宙の創造において、「時間」そのものも作られたのだから、その「前」はどうだったか、といった問いは、もはや問いとしての意味を失う。

そして、以上のように述べたうえで、アウグスティヌスはこの答えを次のように要約的に表現する。「あなたは時間に先立ちますが、時間において時間に先だつのではありません」と。ちょっとこれはわかりにくい言い方かもしれないが、次のような問いを考えてみるとその意味が明瞭になる。それは、かりに「時間」そのものがある時点（宇宙の創造の時）で生まれたのだとして、その上で「時間は〝いつ〟生まれたか」という問いを発してみることである。この問いはある面では意味のある問いであり、別の面では「意味を失う」問いになっている。つまり、先ほどから述べているように、時間そのものもある時点から生まれたのであり、それは宇宙創造の時である、という限りでは、これは意味のある言い方であり、しかも「時間は〝いつ〟生まれたか」という問いへの答になりえている。ところがここで、その「時間の誕生」それ自体を、さらに位置づけることのできる（いわばより上位の）時間座標がある、と考えるとするならば、それは誤りであろう。なぜならそこでは時間（座標）そのものが存在しないのだから。

だとすれば、**私たちがいま生きているこの宇宙、つまり誕生と同時に「時間」そのものも生まれたというこの宇宙は、それ自体はいわば「時間のない世界（無・時間性）」の中にぽっかりと浮かんでいる島のようなものではないか**、という新しいイメージが生まれる。〝永遠の中に浮かぶ（宇宙という）時間をもった世界〟とでも言えようか。つまり、宇宙は（その内部に）時間をもっているが、その宇宙そのものは時間の中に（または時間軸の上に）あるのではない、という理解である。

では、そうしたことを踏まえた上で、この宇宙の時間の流れのなかで束の間の時を生きる私たちの生や死はどのような意味をもつことになるのだろうか。あるいは、そもそもアウグスティヌスのように、宇宙には「始まり」と「終わり」があるとし、しかも時間その

もの も宇宙とともに生まれたという考え自体を私たちはどう受けとめるべきなのだろうか。

2 深層の時間へ

†Colour of Time 時間の色

一九八〇年代の終わり二年間ほどをアメリカ東海岸のボストンで過ごしていたとき、一九九〇年を迎える時期に、当地のボストン美術館で「九〇年代のモネ（Monet in the 90s）」と題する大規模なモネ回顧展が開かれた。ここでの「九〇年代」というのは、モネが積みわらやポプラ、大聖堂などの「連作」を本格的に始めた「一八九〇年代」のことだけれども、ちょうどその時代から一〇〇年を経過した今、改めてモネを再発見するという意味も込めた題名のようだった。

モネ（一八四〇―一九二六）は日本でも人気の高い画家であるし、私自身も好きな画家だったのでこの展覧会も見に行ったし、書店や図書館などでもよくモネの画集や本を見ていた。時々感心していたのは、そうした本の題名のつけかたで、例えばモネが描いた「川」の絵だけを集めた画集の名は『*River of Lights*』といった具合である。とりわけ印象に残っているのが、モネの作品を広く集めた画集につけられた『*Colour of Time*』という題名だった。「カラー・オブ・タイム」、時間の色とは、的確にモネの絵のモチーフを表現した言葉であると思う。

たしかにモネは、刻々うつろいゆく「時間」そのものの色をとらえ、描こうとした画家であったといえる。積みわらの連作を始めた頃に知人にあてた手紙（一八九〇年）にモネは次のように書いている。

……がんこに積みわらの連作に取り組みながらがんばっています。けれどこのごろは陽が速く沈むので、それに追いつくことができません。……仕事がはかどらず、気がめいります。しかし描きすすめるにしたがって、私が求めているもの、つまり「瞬間性」、とりわけ周囲をつつむもの、あたりに広がる同一の光を表現するためには、もっと努力しなければならないことがわかるのです。……経験したものをつかまえたいという必要をより強く感じ、今後私にとって数年間のよい年があることを祈っています。というのもこの方向である程度進歩していけるのではないかと思っていますので。（*Artists by Themselves : Monet*, Bracken Books, 1990. 日本語版も参照）

まさにこの時期のモネは自然あるいは現象の「瞬間性」をとらえ、そのことによって世界そのものをとらえようとしていたといえるだろう。

†瞬間とその解体

しかし、モネの作品を時代を追って見ていくとき、私自身は以前から次のような感じをもっていた。それは、一言で表すと、時代が下るにつれて、「瞬間瞬間の現象を目を凝らして見ようとすればするほど、かえって世界のリアリティが希薄になり、実在から遠のいてしまう」とでも言うような感覚である。

これはまったくの主観的な印象に過ぎないのだが、一八七〇年代前後のモネの比較的初期（ないし中期）の作品を見ると、もちろん印象派の名にふさわしく、「世界の見え方」についての既成の枠組みを取り払って自然や事物の立ち現れる様《さま》を描いているのだが、同時にそこには世界そのもの、あるいは個々の事物や事象のもつずっしりとした質感、あるいは実在感といったようなものが、いうならばうつろいゆく瞬間瞬間の現象を超えて、しっかりとこちらに伝わってくる、というような印象がある。例えば「川」という作品（一八六八年）を見ても、川面の様子、そこに映る外界の景色、川のまわりの木々や緑、そこにたたずむ人物、風景のなかに感じられる大気や風の様子、背景の空等々すべてについてそうした実在感がある。うまく表現できないが、それはある「瞬間」を描いているというより、一定の幅をもった「いま」を描いている、というような感じといえようか。また言い換えると、それは眼に映る光や色の「感覚」をただ描いているというのではなく、そこに(人間的な)意味が自然なかたちで含まれる、というようなかたちで描かれているのである。

偶然かもしれないが、モネ自身が初期の時代(一八七四年)に、次のように語っていることはこうした点と関係していて興味深い。

私にとっては、風景はそれ自体において存在するのではありません。というのも、その見え方はあらゆる瞬間に変化するものだからです。けれどもその周囲のもの……空気や光など、ゆるやかに変化するもの……が、風景に生命を与えるのです。私にとっては、事物に真の価値を与えるのは、周囲をとり囲む環境なのです。(前掲書)

ところが、少しずつ時代が下って、例えば七〇年代後半に描かれた「サン・ラザール駅」(一八七七年)といった作品になってくると、まさに瞬間瞬間の光や色の移りゆきを正確に描く、ということそれ自体が目的になりつつある、という印象が強くなってくる(この絵の場合は駅での大気や煙、その色の様子など)。そして、先にも述べたように、こうした傾向が強くなるにつれて、事象や事物の実在感が逆にうすれ、何か「現象をなぞってい る」というような印象が比例的に強くなってくるように私には感じられるのである。

ここではあまり哲学的な議論に入るのは避けたいが、次のようなことが指摘できると思われる。改めて言うまでもなく、近代という時代は、個人が独立すると同時に、後にも整理していくように、「認識」が優位となり、世界から余分な意味や、生身の存在としての自己との関わりをとり払って、それをできる限り客観的に、あるいは中立的なかたちで把握する、ということが前面に出て行われるようになった時代である。そこでは個人や認識ということが重要となり、そうした中で、「時間」というものは、いわば「瞬間」という最小の単位から構成される、つまりそうした「瞬間」が数珠つなぎのように連鎖した、一本の線として理解されるようになる。だから、世界をありのままに把握するとは、ちょうど映画がひとつひとつのフィルムから構成されるように、そうしたフィルムの断片にあたるもの、つまり瞬間のスナップ・ショットを正確に得ることである、という考え方となる。

しかしこの見方は実は転倒した見方である。つまり、いま時間について「瞬間の数珠つなぎ」とか「映画のフィルムの連鎖」といった比喩を用いたが、この場合、まず個々の瞬間やフィルムの一枚一枚があって、その連鎖として時間の流れがあるのではなく、逆に一定の幅をもった時間、あるいは意味のまとまりというものがあり、その中で初めて「瞬間」や「フィルムの一枚」は〝意味を担う〟のである。言い換えると、「瞬間」は時間性のなかで把握されなければならないし、「認識」はもともと主体と世界との関わり、つまり行為や価値に根拠をもっている。

したがって、話をモネに戻すと、もしも世界を「認識」の眼のみをもって凝視する、という方向をとったとするならば、逆説的にもそれはかえって自らを世界からますます遠ざけることになってしまい、同時に事物や事象の実在感が希薄化していってしまう、ということは避けられないのであり、それはいま述べたようなことからすれば、ある意味で必然的な帰結とも言える。そして、おそらく「連作」はそうした瞬間の断片性を克服する意味をもって登場したと思われるが、連作に取り組み始めた「九〇年代のモネ」にはそうした面——世界からの離脱化、リアリティの希薄化——がなお残っていたように私には感じられるのである。

†コスモロジーの発見——現象する時間と潜在する時間

しかしモネは、次のような意味で、最終的にこうした困難をより高いレベルで乗り越えていったのではないだろうか（峯村敏明「シリーズ・循環・メビウスの帯」参照）。

それは、端的に言うならば、連作（シリーズ）をたんなる連作にとどめるのではなく、それにある種の「循環性」あるいは回帰性を与え、そのことによって連作を、いわばひとつの完結した物語に仕上げる、ということである。

そうしたモネの思いが具体的なかたちをもって実現されている例として、オランジェリー博物館における睡蓮の連作がある。ここではモネの連作が複数の部屋において、それぞれ完結性をもって展示されている。ある室では一日の時の流れに沿って刻々と変化を見せる睡蓮や池の様子が、その時々（朝、日中、夕刻、日没）の表情をたしかに映すかたちで描かれていて、それは何か永遠に回帰する時間のつらなりの中に人を導くような力をもっている。また、別の室では時間の変化というより、対象をながめる視点の（空間的な）変化に応じて様々に見え方を変える睡蓮の姿が、同様にひとつの完結性をもって描かれている。そこにあるのはひとつの「宇宙」といってよいものである。

こうして自然や世界は、まず連作という形を通じていわば時間の流れを与えられ、さらにそこにひとつの循環性あるいは回帰性という要素をとり入れることを通じて、文字通りひとつの宇宙――コスモロジー――をつくることになる。これが、「瞬間性」を限りなく追求することを誰よりも強く自らの課題としたモネの歩んだ道の、最終的な到達点だったように思えるのである。

モネの初期の絵を見ると、例えば夏の日のポプラの緑、そこに当たる光の白い反射と輝き、周囲の草原、その中を歩く人等々が、それらとともに風の涼しさ、草の匂い、肌に伝わる汗の感触等がそのまま伝わってくるかのように描かれている。いわば「この世界に〝いま〟生きてあることの喜び」とでもいうべきことが、直接的なかたちで表現されていて見る者に生への希望を与える。やがてモネは、そうした方向を「瞬間性」の凝視というかたちでとことん突き詰める道に進み、世界をもっとたしかにつかもうとするが、かえって世界のリアリティを失ってしまうような危険に陥る（第一の反転）。しかしいま述べたようなコスモロジーの発見ということを通じて、世界はモネにとって、同時に彼の絵を見る者にとって、再び新しい意味をもって立ち現れるに至る。現象はコスモロジーのなかでもう一度新たな価値をもつことになる（第二の反転）。

それは、現象から出発しながら、何重かの迂回をへて、現象を超えた何ものかに行き着いたひとつの歩みと言うことができるだろうし、「**現象する時間**」の背後にひそむ「**潜在する時間**」の意味を見つけ出していったプロセスだったと言うこともできる。

では、そこでモネが最終的に見たものは何であろうか。私はここで、プロローグでもふれた「永遠」という言葉を使いたい思いにかられる。が、そうした主題は本書の後半部にゆずり、ここではもう少し現象世界にそくした話を進めていこう。

†モネとマッハの接点

ここでモネとほぼ同時代に、まったく分野や方法を異にしながらも、ほとんどモネと同質の問題意識をもって世界に対していった人物として、オーストリアの物理学者エルンスト・マッハ（一八三八―一九一六）のことを考えてみたい。

マッハは、一九世紀半ばから二〇世紀の初めにかけて、ウィーンを中心として活動し、物理学や哲学、心理学等の各方面できわめて大きな影響を与えた科学者であるが、その重要性に比して、彼の残した仕事の意義は今日人々の間で必ずしも広く知られているわけではない。私たちが現在その名を知るのは、音速に関する「マッハ」という単位や、色彩の知覚についての「マッハ効果」と呼ばれる一種の錯覚現象を通してであろうが、これらは彼の広範な活動のほんの一角をなすに過ぎない。

マッハの仕事の根幹は、「要素一元論」、「マッハ主義」等と今日呼ばれる、独特の現象主義的世界観にあった。ここで少し科学史的な話をすると、「科学革命」の世紀と呼ばれる一七世紀に、ニュートンによって近代物理学が力学として体系化され、その後一九世紀には熱現象や電磁気などニュートン体系から漏れ出たものをも包含した「物理学的世界像の統一」が着実に試みられようとしていた。が、その体系は、よく見ると「力」、「エネルギー」等といった、それ自体は不可視の概念を基礎にして構築されたものであった。実際、私たちが現実に知覚することができるのは、個々の物体の位置の変化や運動の速さに過ぎないのであり、そこに「力」という作用を直接見て取ることはできない。「あらゆる物体と物体とが互いに〝引っ張り合っている〟」というニュートン的な世界像は、ある意味では〝万物が生きている〟というアニミズム的な世界観の名残か、私たちがものを引っ張るときに感じる抵抗感を物体に〝投影〟した一種の擬人化とも言えるのである。

マッハが問題としたのはまさにこうした点であった。彼は、「力」などといった仮想的な概念を一切退け、世界のすべての現象を、彼が「世界要素」と呼ぶ、私たちの体験の根源にある感覚的要素のみからとらえ直し、そうした立場からの力学の書き換えを試みる。

彼によれば、真に実在的なのはそれらの要素のみであり（要素一元論）、「物質」や「精神」は実はこうした感覚要素の複合に他ならず、また自我、世界、意思、感情なども複合方法の諸側面に他ならない。「物理学の任務は、事物と事物の連関の法則ではなく、感覚と感覚の連関の法則をたてることである。なぜなら事物は単に感覚の複合であるに過ぎず、物質と呼ばれるものは感覚の合法則的な連関であるにすぎないから」と彼は言い、『力学の発達』（一八八三年）、『感覚の分析』（一八八六年）等多くの著作を残した。

以上のような記述から気づかされるのは、物理学の分野でマッハが行おうとしたことが、発想において先ほど見たモネ、あるいは広く絵画における印象主義の考えと同じようなものである、ということである。例えば印象主義で「色彩分割」と呼ばれる考え方があり、これは「色彩の混合をパレットの上で行うのではなく、それが〝網膜上で〟行われるようにする」というものである。つまり、キャンヴァスの上で色を混ぜてしまうのではなく、そこにはできる限り色彩の「要素」となるものをそのまま置き、色彩の混合はそれを見る者の視覚において生じるようにする、という手法であり、これなどはまさにマッハの感覚要素一元論と同じ発想のもの、と言えるだろう。

また、先にモネの絵について述べたが、特に「瞬間性」を強く追求していた中期から後期のモネの絵を見ると、それは他でもなく「事物を描く」というより、むしろ目ないし網膜に映ずる「感覚（あるいは現象）を描く」といった印象を感じさせるものとなっており、それは先のマッハの言葉（物理学の任務は、事物と事物の連関の法則ではなく、感覚と感覚の連関の法則をたてること）とぴったり呼応している。

後でまた整理していきたいが、こうした〝ありのままの〟「現象」から出発する、というモチーフは、哲学における現象学なども含めて、一九世紀後半のこの時期に様々な分野で共通して見られる方向であり、物理学におけるマッハや絵画における印象主義はこうしたより広い文脈に位置づけることが可能ではないかと思われる。

では、こうしたマッハの考えはその後どのような運命をたどったのだろうか。あるいはまた、先に見たモネのような、現象の背後にある何ものかを発見する、という方向とはどのように対比されるのだろうか。

†「過去を見る」ということ

実はここで登場するのがアインシュタイン（一八七九―一九五五）の相対性理論である。すなわち、マッハが後の時代の物理学に与えた最大の影響は、感覚あるいは知覚から出発して世界を説明する、という発想において、ニュートンからアインシュタインへの物理学の基本的な転換の道を準備した、ということだった。

ニュートンの力学においては、すべての前提として、いわば世界の容器としての「絶対空間」と「絶対時間」がアプリオリ（先験的・無条件）に想定される。言い換えれば、古代からあったような、例えば地球や人類といった特定の中心をもつ、いわば意味をもつコスモスとしての宇宙に代えて、均質で無限のニュートラルな時間・空間というものが想定される。しかもそれは容器のような存在であるから、その中に存在する物質や事象にはまったく影響を受けない、独立した存在である。

これは、それ以前の時代からすると根本的な世界観の変革であったかもしれないが、考えてみると、私たち現代人が素朴に思っている「時間・空間」のイメージは案外こうしたニュートン的な時間・空間に近いのではなかろうか。時間にそくして言えば、太古から未来まで無限に延びる直線としての時間であり、それは事物や事象の存在とは無関係に存在する――。

ところが、先に述べたような、感覚要素のみが実在性を有するとするマッハの目から見れば、こうした絶対時間や絶対空間なるものの存在は何ら正当化されない、フィクションでしかない。それはせいぜい、現象をよりうまく説明するための仮説的な装置にしか過ぎず、したがって現象の説明に不整合が生ずれば変更されるべきものである。

アインシュタインは、チューリッヒの連邦工科大学の学生であった一八九七年にマッハの『力学の発達』を読み、深い影響を受ける。そして、当時確認された光速度一定の法則という経験的な事実から、つまり「現象」の側から出発し、逆に時間・空間概念の方を変更する、という大転換を行う。そこに生まれるのが相対性理論の体系であった。

ここで、相対論において基本的な発想となっているのは、いわば「存在するとは知覚されること」という、これもまた世界についてのマッハ的な理解である。光より速い物質は存在せず、かつ知覚される(=ものが見える)とはその物質から放たれた光が観察者の網膜にとどくことだから、世界や事物の存在は光によって成り立つことになる。

こうしたことは、私たちの日常生活では実質的な意味をもたないが、宇宙的なスケールの話になってくると、現実的な意味をもってくることになる。例えばよく引き合いに出される例だが、私たちにもっとも近い恒星のひとつであるシリウスまでの距離は八・六光年だそうなので、私たちは八・六年前にシリウスを出発した光を見ていることになり、つまりは八・六年前のシリウスを見ていることになる（ちなみに銀河系の大きさは直径約一〇万光年であり、またNASAの最新の望遠鏡で見ることのできるもっとも遠い宇宙は数十億光年から一三〇億光年くらいの距離の銀河のようである）。

こうなってくると、時間と空間とは相互に独立したものではなく、互いに関係し合ったものとなる。つまり、例えば先にふれたようにシリウスまでの距離は八・六光年、一方七夕の彦星であるアルタイルまでの距離は一六光年だそうなので、ということは私たちはいつも「八・六年前のシリウス、一六年前のアルタイル」を**同時に見ている**ことになり、いわば異なる過去に属する星々を「いま」見ていることになる。単純に言えば、「遠い」星ほどその「古い」姿を見ているわけであり、時間と空間はこうして交差する。**私たちは宇宙の「異なる時間」をいまこの一瞬に見ている**、といってもよいだろう。

このことがもっとも劇的なかたちで生じるのが、宇宙背景輻射と呼ばれる現象である。これは、ビッグバンつまり宇宙開闢《かいびゃく》の時の光の名残をいま観測できるということであり、それは宇宙の膨張によって現在ではエネルギーが低下してマイクロ波となっているが、宇宙のあらゆる方向から同じ強さで地球に降り注がれている（一九六五年に発見された）。このことのもつ意味を、科学哲学者の田中裕氏は次のように印象深く述べている。

……なるほど、宇宙開闢のときは今から約一八〇億年前の想像を絶する過去の出来事ではあるが、その時の光の名残を今ここで（そしていつでもどこでも）観測できるということは、その時の出来事は我々に常に隣接しており、四次元の尺度に従うならば、宇宙の開闢の時は我々が昨日の新聞で見た地上の出来事よりも我々に近いということを、いささかの超自然的神秘も交えずに、純粋に客観的な科学的事実として我々は主張できるのである。……ある意味では、我々は「宇宙開闢の時の光」を今ここで、そしていつでもどこにおいても、常に「見て」いるのである。（田中裕「現代宇宙論と宗教」『宗教と自然科学』、岩波書店、一九九二年）

†時間という色メガネ

ここでもう一度先の「絶対時間・絶対空間」の話に戻ろう。

先ほどはニュートンにそくしてこの「絶対時間・絶対空間」にふれたが、こうした時間・空間の概念を、ニュートンに続く世紀（一八世紀）に、より洗練されたかたちで定式化したのが哲学者のカントである。カントは、均質で無限に広がる時間と空間を、人間がアプリオリにもつ「直観の形式」として位置づけた。平たく言えば、それは人間が人間である限りもっている、世界を認識する際の〝共通の色メガネ〟である、ということになる。

つまり、**時間というものは、「世界そのものの側」に存在するのではない。それは認識する「人間の側」にあるもので、世界を見る際の枠組み、色メガネのようなものである。**しかし、もしも赤い色メガネを通して世界を見れば世界は赤く見え、しかも、全員が赤い色メガネをかけていたとすれば、あたかも世界そのものが「赤い」という属性をもっているかのように思える。時間とはそういうものである、というのがカントの主張であったと言ってよいだろう。それは、たしかに「コペルニクス的転回」と呼ぶにふさわしい発想の転換だったと思われる。

その限りでは、カントによって時間はある意味で「相対化」される。つまり時間は、世界そのものに備わっているもの、実在するものではなく、人間がもっている認識の道具のようなものに過ぎない。しかし他方で、それは万人に共通のものであり、かつ、時代を超えて不変のものである。それは近代の成立期という、カントの生きた時代をストレートに反映する世界像でもあった。人間の理性の普遍性――実質は近代ヨーロッパ精神というべきもの――に対する信頼、と言い換えてもよいものである。

この「相対化」の方向を、極限まで推し進めたのがアインシュタインだった、ということができる。相対論の体系では、先にもふれたように、絶対時間・絶対空間の存在は否定され、時間や空間は、事象を観測する主体（座標系）を特定して初めて意味をもつことになる。つまり、時間や空間は認識主体との関係でまさに「相対的」であり、それらとは別に唯一の客観的な時間・空間が存在しているのではない。したがって、異なる個人、たとえばAさんとBさんとは異なる「時間」の中に存在していることになる（ただし、これは光速の有限性ということがあって初めて出てくる結論だから、光速が有限であることがほとんど無視できるような地球上の現象に関する限りは、そうした時空の相対性は事実上無視できるものになる）。

ふり返って見ると、カントの段階では、先にふれたように時間は世界の側から「人間の側」にもって来られたが、それでもなお、人間の世界の内部では、ある普遍的な、絶対的な（唯一の）時間が存在していたのだった。それがアインシュタインの相対論に至ると、時間はおのおのの個人によって異なるものとなり、唯一の「絶対時間」なるものは存在しなくなる。つまり共通の〝時間という色メガネ〟すら実は存在しない、というのが相対論の結論である。ニュートンからカント、マッハ、アインシュタインへの歩みは、したがって絶対時間あるいは「直線的時間」というものが解体していく歩みであるということもできる。

再び時間の始まりについて

それでは以上のような歩みをへて、「時間」とは結局のところどのようなものだということになるのだろうか。

ここでは先ほどから物理学の領域を中心とする時間についての考えを見ているわけであるが、以上のような変遷をへて、現代の物理学や宇宙論がたどりつこうとしている地点は、プロローグでもふれた神学者アウグスティヌスが追求した問いに再び回帰しているように思われる。

こうした点を、もっとも自覚的なかたちで論じている人物の一人が、日本でも有名な宇宙物理学者のホーキングである。ホーキングは、ニュートンの『プリンキピア』刊行（一六八七年）後三〇〇年を記念して出版された論文集『重力の三〇〇年』において、次のように述べている。

宇宙は極小の半径をもって「無から創造された」ということもできよう。しかしながら、「創造」という語の使用は、**宇宙がある瞬間以前には存在せず、その瞬間ののちに存在したかのような時間概念を含意するように思われる。**しかるに、アウグスティヌスが指摘したように、時間はただ宇宙の内部でのみ定義され、その外部では存在しないものである。彼はこう言っている……「天地を創造する以前には神は何をしていたか。私は、かつてある人が冗談で述べたように、神はそのような質問をする者のために地獄を用意していたなどとは答えまい。時間そのものも神によって作られたがゆえに、いかなる時刻においても、神は何も作られはしなかったのである」。

現代の見方もこれと非常によく類似している。一般相対性理論では、時間は宇宙の中の出来事にラベルを貼る座標にすぎない。時間は、時空の多様体の外部ではいかなる意味ももたない。**宇宙が始まる前に何が起きたかを問うことは、地球上で北緯九一度の点はどこかと問うようなものである**……そのような点は単に定義されていないのである。創造され、おそらくは終末に達する宇宙について語る代わりに、人は単に次のように言うべきだろう――「宇宙はある(The Universe is)」と。(強調引用者)

ここでは、プロローグで述べた時間をめぐるテーマの主なものが、現代の宇宙論の装いとともに、新しい表現を与えられて再び登場している。そしてそれは究極的には、同じくプロローグで述べた、「時間と永遠」をめぐる問い、とりわけ（仏教とキリスト教の対比にそくしてふれた）「時間軸上に永遠を位置づけるか、時間に対して永遠を優位に置くか」という分岐点につらなるものとなっている。

ビッグバンをはじめとする現代宇宙論そのものが本書の主題ではないが、ここで若干技術的な点にふれておきたい。きわめて高度な数学をともなう現代の宇宙論の全体を私が理解する能力も余裕もないが、このような議論が出てきた文脈は次のようなものであった。

ニュートンの時代から今世紀初頭までの宇宙のイメージは、基本的に静的で不変なもの、つまり宇宙は太古の昔から今まで同じような状態である、というものだった。一九七〇年代になってアメリカの天文学者ハッブルにより、宇宙は膨張している（銀河をのせた空間自体が膨張している）という観測結果が示される。宇宙は永遠不変のものではないことになり、そこで宇宙の歴史ということや、その始原としてのビッグバンが問題となる。しかも、始原における宇宙は極微のものなので、そこではミクロの世界の物質のふるまいに関する量子力学が重要となり、こうしてマクロ宇宙に関する相対論と量子力学が出会うことになる。

いま宇宙の始原と述べたが、現代の宇宙物理学者が問題としているのは、物理学者ワインバーグの名著『宇宙　最初の3分間』や、この分野の日本の代表的研究者である佐藤文隆・佐藤勝彦両氏の一般向け論文「宇宙が1センチだったころ」といった表題にも示されているように、創造後一〇のマイナス何乗秒後といった、私たちの想像を超えた「創造の瞬間」のできごとである。

こうした創造の瞬間について、当初ホーキング（とペンローズ）は一般相対性理論に基づきながら特異点定理と呼ばれる考えを示して（一九七〇年）、宇宙には「始まり」がある、ということをはっきりと示した。想像されるように、ビッグバンとともにこうした考えはキリスト教とはなじみやすいものであり、むしろ歓迎をもって迎えられたといえる（ホーキングの著書『ホーキング、宇宙を語る』には一九八一年に彼がヴァチカンを訪れ法王に謁見した時の様子が書かれている）。

ところがホーキングは研究を続けるうち、やがてそうした自らの説をさらに転換する結論に達する。それが「無境界仮説（no boundary proposal）」（一九八三年）と呼ばれる考えであり、これに従えば、宇宙は「大きさは有限だがどんな境界も縁ももたず、始まりも終わりもない」ものとして理解される。

このあたりになると次第に私の直感的な理解を超えたものになってくるが、次のように解してよいと思われる。すなわち、特異点定理を使う限り、そうした特異点では物理法則は使えないことになり（無限大が生じて扱えなくなるなど）、したがって、いわば通常の物理法則を超えた超自然的な何かが必要だということになって、ある意味でこれは〝神の一撃〟の要請ときわめてうまく結びつく。神様がいないと宇宙が動き出さない、というわけである。

ところがホーキングは（あるいは多くの物理学者は）そうした説明ではやはり納得がいかない。そこで登場したのが上記の無境界仮説であり、ホーキングは量子力学の考えを取り入れることで先ほどの無限大の問題などをうまく解消した。彼によるとまず、実数の時間つまり私たちが通常経験している時間で過去に遡っていく限り、創造の瞬間（つまり宇宙の大きさがゼロであるところ）までは遡れず、ある大きさをもった宇宙までしか遡れない。そして大きさがゼロの状態の宇宙から、そのある大きさの宇宙までについては、「虚時間」というものを導入して、虚数の時間の中で宇宙は広がっていく、という説明がとられた（以上につき佐藤勝彦・高柳雄一「解説・ホーキングの宇宙を語る」参照）。このような考えをとると、上記の「特異点」はなくなる。その結果出てくるのが、先にふれた「どんな境界も縁ももたず、始まりも終わりもない」宇宙のイメージということである。

この結果、すべては物理法則によって「記述」することが可能となり、少なくとも先ほどのような意味で〝神の一撃〟の余地がある、ということはなくなる。

†再び時間と永遠

では、以上のような現代宇宙論の展開によって、結局のところ何が言われたことになるのだろうか。宇宙に「始まり」がないこと、そして創造主としての神の不在が証明された、ということになるのだろうか。

必ずしもそうではない。この点はホーキング自身も端的に、「宇宙がどのようにして始まったかを解明したいという私の望みは、ほぼ達成することができたと思います。しかし、まだ、宇宙がなぜ始まったのかという答えを私は見出していません」と語っている（「ホーキング・私の半生」）。もう少し彼の言葉を聞いてみよう。

たとえ、存在可能な統一理論が一つだけあるとしても、それはまだ一組の規則と法則にすぎない。この方程式に生命を吹きこみ、この方程式で記述される宇宙をつくるのは何だろうか？……**宇宙はなぜ、存在するという面倒なことをするのか？** 統一理論には自分自身の存在をもたらすほど大きな強制力があるのか？ それとも創造主が必要なのか？ もしそうだとすれば、創造主は宇宙に何か他の影響も与えるのではなかろうか？ そして、創造主を創造したのは誰なのか？（『ホーキング、宇宙を語る』、強

調引用者)

最初に確認すると、ホーキングは科学理論について、それは人間が観測を記述するためにつくった数学的モデルに他ならず、「われわれの精神の中にしか存在しない」という基本的スタンスをとっていて、こうした意味ではまさにマッハ的な科学観をもっている。つまり科学理論や法則はそれ自体実在するものではなく、現象を記述するために人間が便宜的に使う手段に他ならない。だから科学理論の優劣も、「どちらが有用な記述であるかというだけのことなのである」(同書一八六頁)。

その上で、では宇宙の創造について何が言えるのか。いま引用したホーキングの言葉に示されているように、問いは問いとして依然として残されているように思われる。つまり第一に、かりに当初考えたような意味での宇宙や時間の「始まり」はないとしても、つまり、プロローグから述べているように、直線的な時間のある一点から宇宙が始まった、という素朴な「宇宙の始まり」のイメージは退けられるとしても、今度はそもそも「宇宙はなぜ『ある』のか」という問いがやはり浮上する。第二に、これと重なることかもしれないが、ホーキング自身が明確に述べているように、またしばしば指摘されるように、物理学あるいは自然科学が説明するのは「いかに (how)」までであって、「なぜ (why)」の問いは依然残されている。

ここまで述べてきた現代の宇宙論の展開を踏まえると、まず「直線的な時間が〝実在〟し、そのある時点で世界が始まった（あるいは創造された）」といった素朴な（近代的な、とも言える）見解はまず退けられる。実は、少し前に引用したホーキングも述べていたように、これはアウグスティヌスが既に指摘していたことである。つまり、「時間そのものもまた世界とともに作られた（あるいは生まれた）」のである。こうして、世界は時間軸上のある時点で創造された、というのではなくなるから、しばしばキリスト教の文脈で論じられるような、〝（時間的な）因果の連鎖をたどった第一原因としての神〟という意味での神は、修正を余儀なくされる。むしろ、先にもふれたように問いは宇宙が「ある」ことの理由は何か、ということになるだろう。

こうなると、プロローグで指摘した問い、つまり「時間軸上に永遠を位置づけるか（キリスト教の場合）、時間に対して永遠を優位に置くか（仏教など）」という問いが、新しい形で光をあてられることになる。現代の宇宙観は、無境界仮説のような考えを見る限り後者の（仏教的な）世界観に接近しているとも思える。しかしビッグバン理論そのものを考えると、もしかしたら次のような意味で両者つまり仏教的な見方とキリスト教的な見方を統合するような世界観が開けてくることになるのかもしれない。

つまり現代の宇宙論が示す宇宙像は、そこに内在する限り、ダイナミックな「歴史」をもつもの、という点ではキリスト教的な歴史観に親和的なものを含んでおり、しかしそれをさらに高いレベルからみると、それは「始まりも終わりもない」存在であって、いわば「永遠の中に浮かぶ島」のようなイメージ、つまり仏教あるいはギリシャ的な宇宙像に近いものとなる。

ここまでの流れをまとめよう。今見てきたような現代の宇宙論あるいは物理学の方向は、そのルーツをたどると、先に見たようにマッハ的な現象主義にひとつの起源を有するものであった。同時に本章では、マッハと同時代を生き、絵画という異なる領域においてやはり「現象」そして「瞬間」を追求しながら、最後は現象を超えた何か、「永遠」と呼びたくなるような何ものかにたどりついたモネの歩みを見てきた。**彼らが、つまり宇宙物理学者たちやモネのような画家が——そしてもしかしたら仏教やキリスト教いずれもが——到達しようとした地点は、「ある同じ場所」を指し示しているのだろうか。**そして私たちは、これらの歩みを通じてどのような時間や世界、ひいては生と死についてのイメージをもつことができるのだろうか。

第一の旅において、いわば私たちは、ふだん身近なカレンダー的な時間、あるいは「現象する時間」から、より根底にある「潜在する時間」ともいうべき次元への一歩を踏み出したと言ってよい。では、そのような時間のより深い層をたどっていくと、そこに見えてくるのはどのような時間の姿だろうか。そうした方向への旅、〈深層の時間〉への旅を、さらに第二の旅で進めていくことにしよう。

第二の旅

老人の時間と子どもの時間

1　ライフサイクルの意味

〈深層の時間〉への旅をスタートさせた私たちにとって、まず初めに見えてくる時間の層とは何であろうか。言い換えると、私たちの日常的な時間、カレンダー的な時間のすぐ底にある時間の次元とはいったいどのようなものだろうか。このことを明らかにするために、ここではまず「個人のライフサイクル」ということに視点を置いて考えを進めてみよう。

†人間のライフサイクルの特質

「ライフサイクル」とは、さしあたって人が〝生まれ、成長し、老い、死んでいく〟というプロセスの全体をさす言葉である。人間が人間である以上、このことを免れることは誰にもできない。この世界に生まれた「私」は、生きて老い、やがて死ぬ。これは確実なことである。

ところで、人間という生き物に着目して見た場合、人間ないし「ヒト」のライフサイクルは、他の生物と比べて何らかの特徴をもっているのだろうか。

このことを考えていく手がかりとして、まず図3をご覧いただきたい。これは、様々な

図3　最大寿命と性成熟年齢との関係

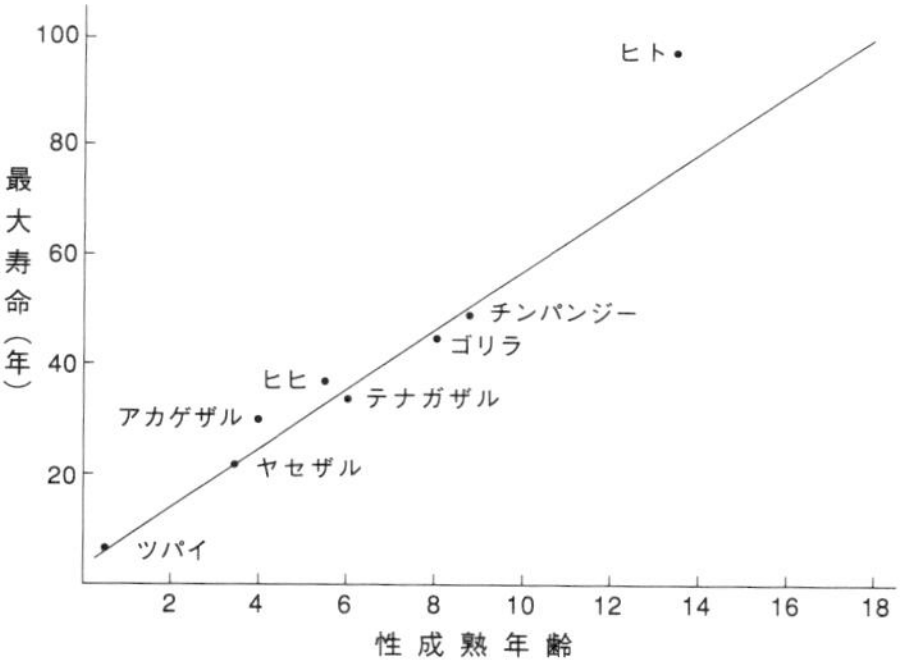

（出所）今堀和友『老化とは何か』岩波新書

生物（ここでは哺乳類）の「性成熟年齢」と平均的な「最大寿命」との関係を見たものである。「性成熟年齢」とはその生物が性的に成熟する年齢（子どもをつくることが可能となる時期）のことで、人間で言うと第二次性徴の起こる思春期がこれにあたる。

この図を見ると、人間という生き物が、他の動物と比べて、非常に特徴的な場所に立っていることがわかる。端的に言うと、性成熟年齢に対して見た場合の最大寿命が非常に長い、というのが人間の特徴である。これは何を意味しているのだろうか。

生物学的に見ると、一般に生物の一生――すなわちライフサイクル――は、

成長期

生殖期

後生殖期

の三つに区分される。成長期とは今ふれた「性成熟年齢」までの時期で、要するに「子ども」の時期である。生殖期は文字通り子どもをつくることの可能な時期で、その後にあるのが後生殖期である。

さて、通常の生物の場合、その一生は、基本的に「生殖期」でほぼ終わっており、後生殖期はほとんど存在しないか、あってもきわめて短いものでしかない。なぜか。それは、生物の基本的な役割ないし目的は、自らの子孫を後に残すこと、あるいは現代風に言えば、「自らの遺伝子のコピーを後に残すこと」であり、ということは、生殖が行われ子孫が生まれれば、その「個体」の個体としての役割は終わったもの、と言えるからである。イギリスの動物行動学者リチャード・ドーキンスが『利己的な遺伝子』の中で展開したように、個体は遺伝子を次々とバトンタッチしていく器《うつわ》のようなもの、つまり「遺伝子の乗り物(vehicle)」に過ぎない、ということになる。身をボロボロにして川を上流に上っていき、産卵を行ったあと自らは朽ちるように死んでいくサケの例は、こうしたことをよく表している。

ここで初めの問いに戻ると、人間が他の生物に比べて相対的な「最大寿命」が長いということの意味が、以上のことから明らかになる。それは、人間の場合、生殖を終えた後の

「後生殖期」が長い、ということである。つまり、純粋に生物学的に見ると〝不要〟とも言えるような、子孫を残し生殖機能を終えた後の時代が構造的に長い、という点に、「ヒト」という生き物のひとつの大きな特徴がある。

ところで、ここで言う「後生殖期」とは、言い換えれば「老齢期（ないし高齢期）」つまり「老い」の時期に他ならない。したがって、長い「老い」の時期をもつこと（高齢期が構造的に長いこと）という点が、他の生物にはない人間の特徴である、ということができることになる。たんなる生物という存在を超えた、まさに人間という生き物の独自の意味が、この（長い）高齢期にあるといっても過言ではない。

このように考えていくと、現在急速に進みつつある「高齢化社会」ということについても、少し新しい見方が可能になるように思われる。高齢化社会というと、年金などの社会保障財政がパンクするとか、労働力人口も減って経済の活力が失われていく等々という具合に、基本的にネガティブな議論がほとんどを占めている。けれども、以上のように考えていくと、高齢化社会とは、人間が本来もっている「長い後生殖期（高齢期）」という特徴を一部の人ではなく多くの人が全うできるようになった時代、つまり〝後生殖期が普遍化する時代〟としてとらえることができる。だとすれば、少なくとも理念的な理解としては、それは「人類史の到達点」、ひいては「生命史の到達点」と言っても過言ではないよ

図4　「人間の3世代モデル」

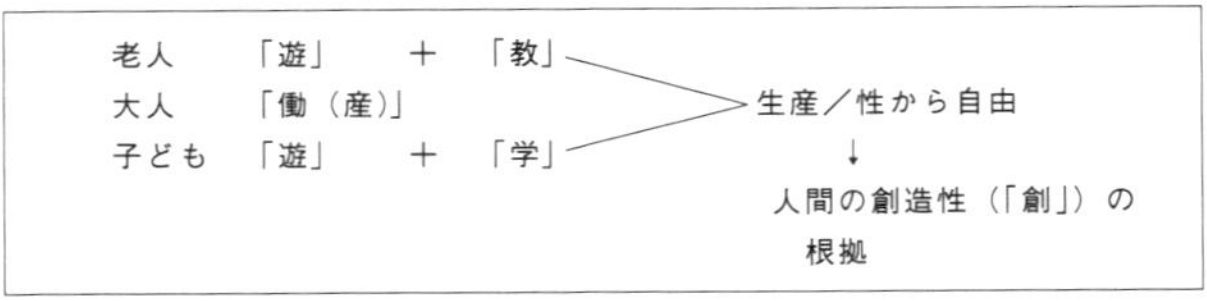

うな、ポジティブにとらえられるべき時代なのではないだろうか。

†人間の三世代モデル

しかし、ここでさらに次の問いが生まれる。それは、ではそもそもなぜ人間の「後生殖期＝高齢期」は長いのか、言い換えれば、そこにどのような意味が含まれているのか、という問いである。

ここで登場するのが「人間の三世代モデル」である。それは、端的に言えば、**人間という生物の本質は、それが三世代構造をもっているということ**、とりわけ「老人が子どもを教える」という点にある、というもので、要約すると図4のような内容となる。

まず「子ども」について見ると、人間の子どもというのは、実際の子どもを見ていればわかるように、自分をとりまく外界の何にでも好奇心を感じ、何でも「遊び」の対象にし、しかもその過程で次々と新しいものを学び、吸収していくのであり、文字通り「遊び」と「学ぶ」ことは一体のものとなっている。「遊ぶ」と「学ぶ」とは、受験勉強などを考えると一見対極にあるように思われるが、もともとは不可分のもので、あえて言えば〝探索心〟といったものが両者の共通項にあると言える。

ちなみに、歴史家のホイジンガが、「文化は遊びに始まる」として、人間という生き物の本質が「遊び」にあると論じたこと(『ホモ・ルーデンス』)はよく知られているが、それは人間においてこうした「子ども」の期間が際立って長いことともパラレルである。進化論的にいうと、「何にでも好奇心を示す(＝何でも遊びの対象とする)」ことが、ヒトの「学習」ということにとってきわめて重要であることから、そうした行動の傾向性が、進化の過程で自然選択を通じて形成されてきたといえるわけである。子どもにとっては文字通り「遊びが仕事」ということになり、長い「子ども」期間とも相まって、ここに他の動物にはない人間の創造性の根拠があることになる。

他方、「大人」の役目はあくまで「働(産)」で、この場合の「産」は、「生産」という意味と、子どもを「産む」という生殖機能との両面を指す。特に狩猟生活や農業など、産業化社会になる前は、ほとんどこれ以外には余裕がなかった、というのが人間の「大人」の生活であった。

では、人間という生き物の特質は、以上のような「子ども」と「大人」という時期の特徴で完結するのか？　そうではない、というのがここでの、つまり「人間の三世代モデル」の主張であり、それはすなわち「老人」という存在や老年期という時期のもつ本質的な意味への注目である。

すなわち、いま述べた「子ども」の「遊」＋「学」に、ちょうど〝対〟をなすかたちで対応しているのが、「老人」という存在であり、それは「遊」＋「教」ということに象徴される存在である、ということである。つまり、「遊」すなわち「大人」のような労働や生産活動からはリタイヤし解放されている、という点では子どもと同じであり、また、特に重要なことであるが、子どもの「学」のちょうど対になるかたちで「教」の役目を担っていたのが老人である、ということである。

考えてみると、産業化（工業化）以前の社会においては、「大人」は農耕など生産活動に忙殺され、また、社会そのものの変化が遅いこともあって経験の蓄積に基づく知識の重要性が高かったこともあり、老人が「教」という役割のかなりの部分を担っていたのではないだろうか。それが産業化社会になると、生産優位の社会となって老人が背景に退くとともに、「教育」はひとつの〝制度〟となり、すなわち「大人」が行う「仕事」となっていった。こうして教育が制度化される中で、子どもにとって本来は一体のものであった「遊」と「学」も対極にあるものとして分離していった、と考えられるのではなかろうか（現代の子どもは、早くから「勉強」という〝仕事〟についている、とも言える）。

しかしながら、私たちがこれから迎えつつある「高齢化社会＝経済が成熟化し人口も均衡化する定常型社会」においては、これまでの産業化時代とは大きく異なり、「老人」や「子ども」が本来もつ意味やポテンシャルが再発見され、こうした「子ども—大人—老人」の関係全体が大きく再編されていくのではないだろうか？

†人間の創造性と老人・子ども

議論を振り返ると、先に、世代間のコミュニケーションという点において人間を人間たらしめる要素、他の生物にはない「＋α」の要素ということを述べた。以上のように考えていくと、実は「子ども」と「老人」という存在にこそ、その実質があるといえるのではないか、という考えが出てくる。つまり、他の動物の場合は、先の図4でいえば「大人」のところで尽きているわけで、「産」つまり生きていくための活動がすべてとなっている。

ところが人間の場合は、まず「子ども」の期間が際立って長いというのが特徴であり（このことは生物学などでも指摘されてきた）、と同時に、「老人」の時期が構造的に長く、しかも、それは単に寿命が長いということにとどまらず、上記のような積極的な意味、つまり「遊」＋「教」という、「子ども」との対の関係を通じて人間を人間たらしめる要素という意味をもっている、といえるのである。

さらに、老人と子どものもうひとつの共通点は、「性から（比較的）自由」である、ということである。これは先の「大人」が生殖を担う、ということと対比的なことであるが、こうした「性から自由」な時期が構造的に長く存在する、というのも人間独自の特徴といえ、このことは同時に、生物一般の機能である「生殖」ということを超えた独自の価値を、人間がもっている、ということにも通じていると考えられる。

言い換えると、**「生産」や「性（生殖）」から解放された、一見（生物学的にみると）〝余分〟とも見える時期が、「大人」の時期をはさんでその前後に広がっていること、つまり長い「老人」と「子ども」の時期をもつことが、人間の創造性や文化の源泉である**と考えられるのではないだろうか。これは、ある意味で、「性的エネルギーこそ文化を含めた人間の諸活動の源泉である」としたフロイトの主張を転倒させる内容でもあるが、筆者自身は、むしろいま述べたような、生物学的な要素に還元できない人間の側面に着目し、同時に「子ども」と「老人」という時期にこそ人間の独自性を発見する、という見方に真理が含まれているのではないかと考えている。

本章の冒頭で、「成長期—生殖期—後生殖期」という生物の一生の区分について述べ、後生殖期が際立って長いことに人間の特徴がある、と述べたが、ここでの文脈にそくしていうと、以上の三区分は基本的に「子ども—大人—老人」という時期と対応していることになる。そして、「なぜ」人間においては後生殖期が長いのか、という問いを考え、いま述べた「人間の三世代モデル」という理解がこれに対する筆者なりの回答だったわけであるが、ここで重要なのは、「後生殖期」あるいは「老人」という時期を、それだけを他と切り離してとらえるのは妥当ではない、ということである。人間という生物の本質的な特徴は、「世代間」相互の（しかも二世代ではなく三世代の）コミュニケーションの強さ、あるいはその「**関係**」性にある。だから、しばしば生物学がそうであるように、「個体」を〝単体〟としてとらえるだけでは本質を見失うおそれがある。したがって、個体の一生を「成長期―生殖期―後生殖期」ととらえる場合にも、**それを単に「個体」に完結した問題としてとらえるのではなく、**「世代間」の関係性ないしコミュニケーションという要素を合わせてとらえ返していく必要があると思える。

若干時間という主題からは離れるが、こうした点に関し、一般に「高齢者ケア」などについて議論がされる場合、老人だけが切り離されて論じられたり、ケアの「受け手」としてのみとらえられる傾向が強いように思われる。しかし老人の本質や役割は、他の世代との関係、とりわけ本章で述べてきたように「子ども」との関係においてこそ発揮されるのであり、高齢者だけを「隔離」してケアをするというのは、いくら立派な施設やサービスを整備したとしても表面的なものに終わってしまう可能性が大きい。こうした点に関し、最近老人ホームなどの中に「おもちゃ美術館」を設置し、地域の子どもが自由に出入りし、老人とやりとりできるようにすることで、大きな成果を上げている例が見られる。子どもと話したり遊んだりすることで、高齢者自身の介護状態が改善されたり、逆に子どもにとっても老人との関わりがとても大きな意味をもつのである。筆者らは、こうした先駆的な試みを行っている方々と「老人と子ども統合ケア」に関する研究会をスタートさせ、その報告書をまとめた（『「老人と子ども」統合ケア』中央法規）。このように、高齢者や子どものケアということを考える場面においても、「人間の三世代モデル」という視点は重要と思われるのである。

認知科学の研究者として著名なマーヴィン・ミンスキー（マサチューセッツ工科大学）は次のような大変興味深い指摘を行っている。

> 進化は通常、親が自分の子育てに必要とする期間より長く寿命を持たせるような遺伝子を守らない。……今日の人間は他の霊長類のほぼ二倍は生きるが、どのような進化の淘汰圧が作用してこのように長生きするようになったのだろうか？　答えは知能に関係する。全哺乳類の中で、幼児期にひとりで生き延びていく能力がいちばん未熟なのが人間である。**私たち人間には生きていくための世話をし、また、貴重な生き抜くた**

めの助言をしてくれる存在として、親のみならず祖父母までもが必要となってくるのである。

（ミンスキー「ロボットは地球を受け継ぐか」『日経サイエンス』一九九四年一二月号、強調引用者）

いずれにしても、こうした人間のライフサイクル、「老い」そして高齢化社会の意味についての、新しい視点からの自然科学的な研究と知見が強く求められているのではなかろうか。

2 老人と子ども

†老人と子ども――『夏の庭』

以上は人間のライフサイクルというものを生物学的な視点をベースにしてとらえ返してみたものである。では、これらのことは本書の主題である「時間」そして死生観とどのように関わってくるのだろうか。

私たちがここで注目してみたいのは、「老人と子ども」という主題である。時間ということにそくして見ると、子どもや老人にとっての時間は、「大人」にとっての時間とは、どこか質的に異なる性格をもっているのではないだろうか。そして、そうしたことを掘り下げてみる中で、時間という存在についての、より深い次元が見えてきはしないだろうか。

さて、こうした「老人と子ども（の時間）」というテーマについて、ひいては「生と死」という主題について、多くのことを考える契機を与えてくれる作品として、湯本香樹実氏の書いた『夏の庭』という児童文学がある。一九九二年の作品で、後に映画化もされ、また海外の多くの賞もとり広く翻訳もされた作品なので、ご存じの方も多いと思う。

物語の概要は次のようなものである。登場人物はまず木山、河辺、山下という、小学六年生のクラスメート。いたずら盛りの遊び仲間という感じの三人であるが、夏休み前に山下の家のおばあさんの葬式があったりしたこともあり、死んで焼かれるというのはどんな心地のものだろうかとか、人の死んだ姿を見たことがあるか等々、会話の中に「死」が顔を出すようになっていた。

そんなふうにして夏休みを迎えていた頃、三人は町はずれにひとり暮らしのおじいさんが住んでいるのを発見する。そして、「人が死ぬのを見てみたい」という好奇心から、彼らはその老人の生活を一緒に「観察」するようになる。

不思議なことに、観察を始めた頃は家の周りにゴミ袋が放置され、時々コンビニに買い物に行くだけだったおじいさんの生活や様子は、少年たちに見られていることを意識してか徐々に変わっていき、おじいさんは次第に元気になっていくようだった。そして、最初は敵対的だった老人と子どもたち三人との関係は、庭の草とりの手伝いをさせられたり昔の話を聞いたり等々といった様々なやりとりを通じて、次第に深い交流に変わっていくことになる。

やがて老人は死を迎える。サッカーの合宿から帰ってすぐ向かったおじいさんの家でその死に遭遇した少年たちは動揺し大きな喪失感を経験するが、少しずつその事実を受け入れられるようになる。そして、最後にはおじいさんのことを「あの世の知り合い」と思えるようになる。

……以上があらましであるが、この本の解説に、「喪われ逝くものと、決して失われぬものとに触れた少年たちを描く清新な物語」とあるのは、本当にその通りのことだと私にも思われる。

†生と死の宇宙――『キャミーの八月』

前項でも少しふれたように、児童文学の多くの作品では、老人という存在が様々な面で実に大きな役割を担っていて、子どもの成長過程にとっての老人の意味の大きさを考える恰好の手がかりを与えてくれる。また、いま紹介した『夏の庭』でも、子供たちとのやりとりの中でおじいさんが元気になっていったように、子供との関係は老人の側にとっても本質的な意味をもっている。

しかも、こうした「老人と子ども」との関係は、その相互の関係ということを超えて、つまり「この生の世界」の中での関係ということをさらに超えて、「生と死」というより広い主題につながっていく何かを含んでいることが多いように思われる。

例えば、アメリカの黒人女性作家であるヴァージニア・ハミルトンの児童文学作品に、『キャミーの八月』（一九九〇年）という印象深い作品がある。

主人公のキャミーは一一歳になる女の子。両親は離婚していて、家には母親と兄が一緒に住んでいる。老人ホームにいるタットおばあちゃんを訪問するのがキャミーの大きな楽しみのひとつで、おばあちゃんはほとんど寝たきりの状態で話すのもスローだが、キャミーはタットおばあちゃんといろいろふざけて遊ぶのが好きだ。キャミーが「おばあちゃん？」と呼んでもしばらく返事をせず、大分たってからにやっと笑う、という「死んだふりごっこ」もおばあちゃんはおもしろくてたまらないと思っていたりする。

そんなキャミーには、パティー・アンといういとこがいる。パティー・アンは勉強もよくでき、またピアノも上手で外見もかわいい優等生。ただ家族関係は複雑な面をもっているようで、母親のしつけは厳しく、パティー・アンは少し拒食症的な傾向をもっている。ともあれキャミーにとってはパティー・アンは変にすました腹立たしい存在で、「パティー・アンなんて死んでしまったらいい」と思ったりすることもある。

学校の野外キャンプの日なども、別の遠いところであるエローディーと楽しく過ごしていたのにパティー・アンに彼女をとられるような経験をし、キャミーはますます腹を立てていた。ところが、同じキャンプの日に悲劇が起こる。川遊びをしているうち、エローディーが深みにはまり溺れそうになり、それを助けに行ったパティー・アンは、エローディーを救ったものの自分は渦にのまれて死んでしまうのである。キャミーはともかく深いショックを受け、学校にもずっと行けない状態になる。

そして、このような中でキャミーが親しい友だちの死という受け入れ難い事実を受容し、それを乗り越えていくうえで大きな役割を果たすのが、先に出てきた祖母との関係なのである。キャミーが学校に行けぬまま自失の状態で日々を過ごしているある日、車いすのタットおばあちゃんは車で運ばれてキャミーの家にやってくる。そして、そこでのタットおばあちゃんとの会話ややりとりが、キャミーの心を深いところで癒していくことになる。永遠の意味、残された者は生き続けなければならないこと、死んだ者は帰ってこないこと、人間は生まれそして死んでいく存在であること、神様のする不可思議なことを問いただすことは人間がするべきことではないこと、等々……。
「いま、わかった」と題されたこの物語の最後の章は次のようなかたちで終わっている。

いろいろなこと、深いところにしずんでおいき。パティー・アン。感じたことがいろいろあっても、ほうむってしまいたい。でも、きっとそのうち、また浮かびあがってくるだろう。洗い流されて、きれいになって。

気がつくと、キャミーは、おばあちゃんの胸がゆっくり上がったり下がったりするのを見つめていました。

これが注意を集中しているということだ。すいこんだり、はきだしたり。いつかこれがとまるときがくる。目ざめているときもあれば、ねむるときもある。二度と目がさめないときもくる。

キャミーはごくりとつばをのみこみました。ほっと息をつきました。

そうだよ、目をしっかりあいておいで。見えるあいだは、しっかり見ておいで。おばあちゃん！ 大すきだよ。それがだいじなんだ。

いま、わかった。（掛川恭子訳、講談社）

このようにして、主人公の少女は、このつかの間の生の時において「見えるあいだは目をしっかりあいておく」ことの価値を、祖母との関わりを通してはっきりと知る。そして、彼女はもう一度「生」に立ち向かう勇気を、生きていくことへの基本的な力を、得ることになるのである。

†老人・子ども・時間

以上、『夏の庭』と『キャミーの八月』という二つの児童文学作品を手がかりに「老人と子ども」の関係を見てみた。これらの例に限らず、児童文学作品の中では、老人が様々なかたちで活躍しまた本質的な役割を担っているようなケースが非常に多い。では、そもそもなぜそのようなことが生じるのであろうか。

一つには、本章で述べている「人間の三世代モデル」自体が、そうした「老人と子ども」の間の特別な関係を裏づけるものになっているといえる。先に述べたように、長い老年期をもつことは、長い子どもの時期をもつことと並行して指摘できる、人間という生き物の特徴であり、特に「遊ぶ」そして「教える—学ぶ」という関係を通じて「老人と子ども」は〝対〟の関係に立つ近しい存在である。こうした関係を、具体的な物語を通じて豊かに表現しているものの一つが児童文学作品であるということになる。

図5　ライフサイクルのイメージ

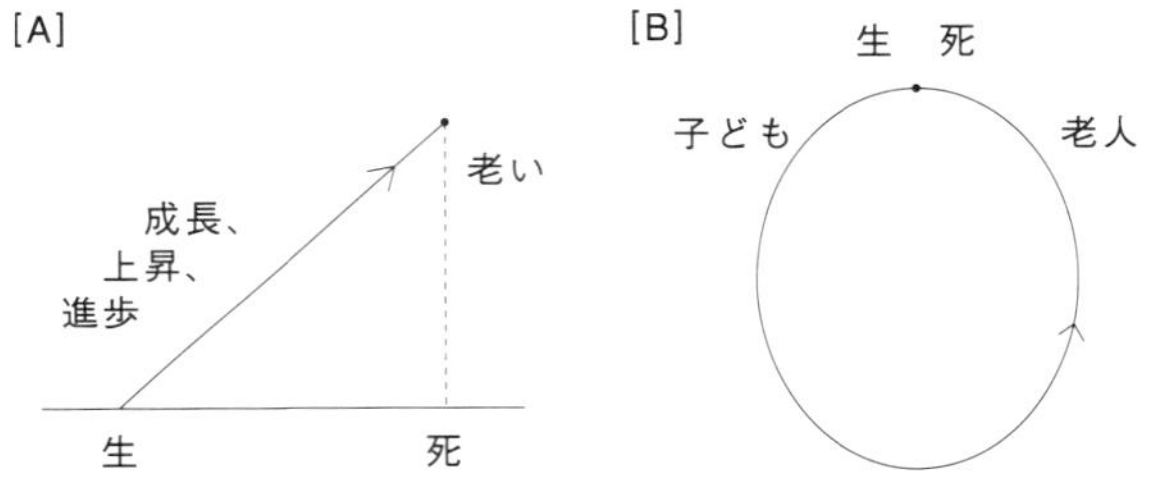

ただ、ここではそうした議論をもう一歩進めて、「時間」という観点から老人と子どもの関係ということを考えてみたい。

プロローグでも少しふれたが、人生あるいはライフサイクルのイメージというものを、「時間」というものにそくして考えてみると、そこには大きく二つのタイプがある。ひとつは「直線としてのライフサイクル・イメージ（A）」であり、もうひとつは「円環としてのライフサイクル・イメージ（B）」である（図5）。前者の場合、人生とは基本的に「上昇、進歩する線」のようなものであり、死はその果ての「無」への下降という意味合いが強くなる。他方、後者（円環としてのライフサイクル・イメージ）のほうでは、人生とは、生まれた場所からいわば大きく弧を描いてもとの場所に戻っていくようなプロセスとして考えられ、したがって、「生まれてきた場所」と「死にゆく場所」とは、いわば同じところに位置することになる。

こうした二つのライフサイクル・イメージは、「老人と子ども」の位置についても少し異なった見方をとることになる。すなわち、A（直線）の場合には、子どもと老人は青壮年期をはさんでいわば対極の側に位置することになり、両者の場合にはあまり接点が見られない。むしろ、「成長」途上の子どもと、衰え下降していく老人という具合に、両者はただ反対の関係にあることになる。一方、B（円環）の場合には、図にも示されているように、老人と子どもはある種「隣り合わせ」の関係に立つことになる。同時に、両者はともに「死」の近くの場所にいる――子どもはいまだ「この世界」に生まれたばかりであり、老人はやがてこの世界を去っていく地点にいる――という点で、共通したものをもっているのである。

ところで、そもそもこうした二つのライフサイクル・イメージというものは、互いにどのような関係にあるものなのだろうか。いずれか一方が正しく、他方が間違っている、というものなのだろうか。

そうではなく、これら二つのライフサイクル・イメージは、次のような意味で、「時間」というものの、いわばより表層的な次元とより深い次元に関わっているように筆者には思われる。

本書の中ですでに繰り返し述べてきたように、私たちが日常の生活において意識している時間は、いわば〝カレンダー的な時間〟であり、それはまさに「直線」としての形象で表されるものである。とりわけそれは、「あす打ち合わせでAさんと会う約束になっている」、「来月末までにこのプロジェクトを完成させなければいけない」といった、いわば「仕事の時間」に関わるものが中心を占めるものであろう。これに対して、私たちの意識には、そうした日常的な時間のもう少し底にある時間の層が存在するのではないだろうか。そして、先ほどから述べている「円環としてのライフサイクル・イメージ」や時間というものは、そうした時間ないし意識のより深い次元に関わっているのではなかろうか。

†聖なる時間と遊びの時間

ここで、いま述べている議論の全体像をより広い視点から理解するために、宗教学者のエリアーデや、ホイジンガ、カイヨワといった人々が展開してきた「聖―俗―遊」をめぐる議論を見てみたい。

人間にとって、「俗なる時間」と並んで「聖なる時間」ともいうべき時間が存在し、それが本質的な意味をもつことをエリアーデは主張していた。一方、先に「人間の三世代モデル」のところでもふれたように、歴史学者のホイジンガはその著作『ホモ・ルーデンス』において、人間の文化の根源をなすものとしての「遊び」の意義を強調した。しかも、ホイジンガはこの「遊び」概念をかなり幅広くとらえていたため、宗教もまた同様の枠組みで理解できると考えていた。すなわち彼によれば、そこ（宗教）では現実の世界や生活から一線が画され、その内部で一定の時間のあいだ、規則に従う象徴的な動作がとりおこなわれる。またその儀式では「活力と規律、恍惚感と思慮分別、熱狂的な錯乱と念入りな正確さという、対立し合う力が同時にせめぎあい、ついに人は日常生活の外へ運び去られる」。

ホイジンガのこうした理解に対し、社会学者のカイヨワは、その画期的な意味を十分認めつつ、「聖」なるものと「遊び」とはやはり様々な面で異質のものであり、たしかに両者は「実人生」ないし俗なる次元と対立する限りでは共通するものをもつが、実人生を真んなかに置くと、聖なるものと遊びは対称的な位置を占めるとした。「実人生と比べると遊びは楽しみや気晴らしでしかない。ところで、逆に聖なるものと比べると、実人生とは絵空事であり、気晴らしに他ならない」（カイヨワ『人間と聖なるもの』）。

「聖―俗―遊」の間にどのような優先順位を考えるかは別にして、以上のような議論からさしあたって浮かび上がるのは、人間にとって、

「俗なる時間（仕事の時間）」

「遊びの時間」
「聖なる時間」

という三者がいずれも本質的な意味をもち、不可欠のものであるという理解である。ちなみに、ここでいう「聖なる時間」とは、宗教的なものを含めて、さしあたり「現世的な価値を超えたものや、死そのものの意味についてふれる時間」といった意味としてとらえることとしたい（これについては、第四の旅において掘り下げていく予定である）。

それではこれら三者は互いにどのような関係にあるのだろうか。ここで、先ほど述べた時間の表層─深層（直線としてのライフサイクル・イメージと円環としてのライフサイクル・イメージ等々）という議論や、さらに本章の主題である「老人と子ども」というテーマが関係してくる。

†「聖─俗─遊」と老人・子ども

そもそも「俗なる時間」（世俗の時間）とは、他でもなく先ほど〝カレンダー的な時間〟と呼んだ、私たちの日常を支配しているような時間、「仕事の時間」であり、そこで求められるのはまずもって「効率性」ということである。私たちが、子どもの時代を徐々に抜け出し、大人の世界に入っていくにつれて、どんどん大きくなっていくのがこの「俗なる時間」と言ってもよいだろう。考えてみれば、子どもの頃というのは、たんに時間がゆったりと流れていた、というのにとどまらず、いわば、時間にたくさん「スキマ」のようなものがあって、現在の（大人になった）私たちが感じるように、カレンダー的な時間が「枠組み」として生活の隅々まで全てをおおっている、というのではなかった、と言えるように思われる。

もっと正確には、次のように言えるかもしれない。もともと「俗なる時間」、〝カレンダー的な時間〟というものは、いわば「遊びの時間」という〝大きな海〟に部分的に浮かぶ〝島〟のような存在に過ぎなかった。それが次第にそちらの方が全体をおおうようになり、ついには、そうした〝カレンダー的な時間〟＝直線的な時間がまずあって、その「枠組み」の中に（余暇としての）遊びの時間が位置するようになった、とでも言えるのではないだろうか（ちなみに、ここでいう「遊びの時間」というのは広い意味のものであって、「スケジュール化された日常の時間」の流れからはずれて自由になった時間」といった意味である）。

そして、想像されるように、受験勉強や塾通いに追われる現代の子どもたちは、かつてに比べはるかに早い段階でこの「俗なる時間」、〝カレンダー的な時間〟の世界の中に運び込まれているように思われる。

つまり現代の社会では、改めて言うまでもなく、時間の第一の次元である「直線的な時間」が圧倒的な力をもっていて、ともすればすべてが効率性の枠組みのなかで考えられる傾向がある。現代の日本社会では子どもですらそうした枠組みの中に早くから身を置くことになるのだが、本来は子どもや老人はそうした効率性の尺度からは自由な存在であり、またそうした現代社会の傾向に警鐘を鳴らしうるような存在でもある。

以上のような記述から示唆されてくるように、筆者としては、先ほどの「聖─俗─遊」の話を、時間の表層─深層、そして「老人と子ども」のテーマに関連させて、図6のように理解してみたい。

すなわち、もっとも表層にあるのは、直線的な時間／〝カレンダー的な時間〟としての「俗なる時間（仕事の時間）」であり、とりわけ大人たちはこの時間を中心に生きている。しかしその底には、先ほど「円環としてのライフサイクル」にそくして述べたような、より根源的な時間の層がある。これは第一の「仕事の時間」の枠組みから解放された、自由な時間の層でもある。そして、「人間の三世代モデル」において老人と子どもに「遊」が対応したように、まさに「老人と子ども」の世界において本質的なのはこの「遊びの時間」の層であり、彼らにとっては時間の第一の層（直線的な時間）は二次的な意味しかもたない。

図 6　時間の重層性

表層（日常性）↑	A. 直線的な時間	「俗（なる時間）」	・・・大人
↕	B. 円環的な時間	「遊（びの時間）」	・・・老人・子ども
深層 ↓	C. 深層の時間	「聖（なる時間）」（＝生と死のふれあう場所）	

そして、さらにそのもうひとつ底に、さしあたり「深層の時間」とでも呼ぶしかないような、時間のもっとも深い層が存在する。それは、「生と死」がふれあうような次元であり、また世俗的な次元を超えた「聖なる時間」とされるべきものである。この「聖なる時間」は、「人間」を超えた次元に関わるという意味でも、「自然（の時間）」というものと深い関わりにあるように筆者には思われるが、これについては第三の旅以下でさらに深めていきたいと思う。

いずれにしても、このような時間や世界の重層構造を考えると、老人と子どもが本質的な共通性をもつ世界を生きているということ、そして、先に『夏の庭』などの児童文学作品にそくして見たように、なぜそれが「生と死」というさらに深い次元にふれあう要素をもつことになるのかを、改めて理解することができるように思われる。

†遊びの時間と聖なる時間の復権

ふり返ってみると、戦後の日本においては、経済成長を通じたパイの拡大がすべてのゴールとされ、また、戦前への反省ということも手伝って、すべてが「俗なる時間」（効率性、直線的な時間）に還元されるような状況となり、その中で、「遊びの時間」及び「聖なる時間」というものが、大きく脇に追いやられてしまったように筆者には思われる。「老人と子ども」という主題は、こうしたものの価値に私たちを再び気づかせる契機を与えてくれる何かをもっている。

子どもにそくして考えると、「遊びの時間」の不足については言うまでもないし、また「聖なる時間」についても、言い換えると現世を超えた根源的な価値や生と死の意味にふれる時間ということについても、例えばキリスト教的な死生観に（かりに意識的なものでなくとも）様々なかたちでふれて育つヨーロッパ諸国の子どもなどに比べて、日本においてはほとんど触れることなく大きくなっていく。その結果、プロローグから述べているように、現在の日本においては、死というものを生全体との関係においてどう位置づけたらよいのか、という基本的な座標軸が揺らぎ、「死生観の空洞化」ともいうべき状況が生まれているように筆者には思え、その傾向は若い世代ほど顕著であるように感じられる。

加えて、再び『夏の庭』などの作品を思い出すと、「老人」とふだんから接する機会がなく、「老人と子どもの segregation（隔離）」ともいうべき状況が今の日本では生まれているということが（これだけ「高齢化社会」というのに！）、子どもたちを余計に「生と死の意味」から遠ざけているように思える。そうした社会とは、もしかしたら、老人をも

「生と死の意味」から遠ざけているような社会なのではないだろうか。

いずれにしても、「遊びの時間」や「聖なる時間」を見直し復権するということが、これからの日本の大きな課題であり、それは本章で考えてきたように「老人と子ども」というテーマと重なると同時に、経済の成熟後に迎えるこれからの高齢化社会における、成長や拡大に代わる「新しい価値の発見」という基本的なテーマともつながるように思えるのである。

では、「聖なる時間」とはいったいどのようなものであろうか。また、先にふれたように、それは人間を超えた次元に関わるという意味でも、「自然」の時間ということと深く関連していると思われるが、私たちはそれをどのようなものとして理解したらよいのだろうか。「老人と子ども」の関わりという、「コミュニティの時間」についての関心は、自ずとその底にある「自然の時間」の層へと私たちを導いていく。こうした問題意識をベースに、時間のさらに深い次元へと歩を進めていこう。

第三の旅

人間の時間と自然の時間

1 エコロジカルな時間

「生命との接触」あるいは「生きられる現在」ということを強調しながら独自の時間論を展開した精神病理学者ミンコフスキーは、著書『生きられる時間』の中で次のように言う。

……われわれは進歩に疲れ、速さの理想や淵まで一杯になった時間からも、「空間の四次元」からも目を転じて逆行し、なにものかへまなざしを向けたいという欲望を感じる。しかし何に向かってまなざしをむけたいのだろうか。……それはすなわち**生命との接触、生命がそのうちにもっている「自然的なもの」または原始的なものとの接触を回復すること**、科学ばかりではなく、その他すべての精神的生命の発現がそこから湧き出るところの第一の源泉に立ち戻ること……である。(強調引用者)

多くの人々が、人工的な都市生活の中でスケジュール化された時間にしばられ、折り重なるストレスの中で生きている現代の日本社会にとって、そのままメッセージとなるような言葉となっている。

本書のこれまでの流れをふりかえると、プロローグで死生観と時間との関係を中心に本書の問題意識を述べ、第一の旅では刻々と流れゆく現象としての時間の深部にある時間の層、という基本的な方向性を示した。そうした方向に沿いながら、前章ではライフサイクルと時間という話から出発しつつ「コミュニティの時間」といった次元まで及んだ。このようにして、私たちはいわば時間のより深い次元へと順に歩を進めているわけであるが、本章では、私たちが生きるこの生の世界に関する限り、もっとも深い次元と言える時間の層について考えたいと思う。それはすなわち「根源的な現在」であり、別の面から見れば「自然の時間」と言いうる時間の層である。

†意識の進化

ひとつの手がかりとして「意識の進化」というテーマを考えてみよう。

人間の「意識」というものをどうとらえるか、については様々な見方がありうるが、私にとってもっとも本質的と思われるのは、次の二つの（対立する）見方である。

（a）意識から出発する見方

（b）意識を二次派生的なものとみる見方

(a)は、文字通り「意識」を出発点におく見方である。世界とは何であるかを考えるときに、まず私が認識しているこの世界、あるいは私の意識そのものを出発点におく。自然との関係で言えば、意識を少なくとも自然と同格か、あるいは自然に先立つものとしてとらえる。哲学の分野における認識論は概してこうした視点に立つものだ。

これに対し、(b)の立場は、人間の「意識」というものは、以下に述べるような意味で、より根源的な何ものかから派生した二次的なものであるととらえる。意識を「手段的」なものととらえる立場、と言ってもよいだろう。

例えばカエルの生きる(認識する)世界を考えてみよう。その行動から判断する限り、カエルは目の前を飛ぶハエなどは確実に「認識」しているように見えるが、その他のものはほとんどカエルの認識する世界(=カエルにとっての「世界」)に存在していないように見える。これは「視覚」の話であるが、嗅覚などについても同様で、例えばダニは近くを通る哺乳類の匂いを関知して移動したり木の下に落ちたりする。ダニにとっての「世界」は、嗅覚がもっとも重要な要素をなしている(動物にとってのこうした「環境世界」の多様性について先駆的な仕事を行ったのがドイツの生物学者ユクスキュルである)。

こうしたことからまず言えるのは、第一におのおのの生物にとっての「世界」(または意識)」の相対性ということである。言い換えると、人間が認識しているこの「世界」は絶対的なものではなく、それはあくまで世界のうち人間がとらえた「一断面」に過ぎない、ということである。第二に、そのようにおのおのの生物にとって認識される世界は、その生物の「生存」のために重要なものが認識されるという構造になっている、ということである。

つまり意識や認識される「世界」は、それがまず初めに存在する、というものではなく、その生物が、その生存あるいは生命の維持を確実なものとするために、外界を把握する道具として(進化の過程で)発達させた「手段」的なものなのである。言い換えると、生物は、その生存のために、それをとりまく環境あるいは外的世界のうち重要な「断面」を切り取って認識する。それがその生物にとっての「意識」そして「世界」となる。先ほど、意識を「より根源的な何ものかから派生した、二次的なもの」とか「手段的なもの」ととらえる、という言い方をしたが、それはまさにこうしたことを指している。

このような見方は、大きくは進化論の流れをくむものであり、近年では進化論的認識論、進化論的心理学等々といったかたちで展開している。先にふれたユクスキュルはそのひとつの源流であるが、動物行動学者のコンラート・ローレンツが、そうした視点から認識論を展開した著書『鏡の背面』は、進化論的認識論の発想をよく示している。意識という

「鏡」に映った内容だけではなくて、その「背面」にも眼を向けよ、というのがその主張である。要するに、「意識」もまた、四〇億年の生命の歴史の中で進化の産物として、言い換えれば「生命」という、より根源的な目的のために、生まれてきたものということになる。

このような発想は、「エコロジカルな意識」観と呼んでもよい見方であり、人間の意識を「相対化」し、それを大きな生命の歴史の中で位置づけるという意味で、強い魅力をもっている。

†エコロジカルな時間

そして、こうした視点に立つと、実は「時間」**そのものも生物によって無限に多様である、**という見方が生まれる。それぞれの生物は、いま述べたようにそれぞれの生存に都合のよい「世界／意識」をつくってきた中で、同時にそれぞれに適した「時間」をもつようになった、ということである。言い換えれば、それぞれの生物は、異なる「時間」の世界を生きている。**この世界や宇宙を流れる「時間」はひとつではなく、いわば生物の種類の数だけ異なる時間が存在する、**ということになる。

少し脇道にそれるが、このようなテーマに関して大変興味深い議論を展開しているのが生物学者の本川達雄氏である。氏によれば、心臓がドキンドキンと脈を打つ速度は動物によって異なり、基本的に大きい動物ほど心臓はゆっくり脈を打つ、ということである（正確には、心臓の一拍の時間は体重の四分の一乗に比例する――たとえば、体重が一〇万倍になると一拍の時間は一八倍になる――という関係にある。この一〇万倍というのが、他でもなくハツカネズミとゾウの体重差である）。他方、おもしろいことに、その動物の寿命もまた、体重の四分の一乗に比例する。ということは、驚くべきことに、一生の間に心臓が打つ回数はどの動物もだいたい同じということになり、実際、ゾウもハツカネズミも一生の間に心臓は約一五〇億回打つという事実がある。

こうしたことを踏まえて本川氏は、むしろおのおのの動物は「異なる（スピードの）時間」を生きていると考えるべきではないか、と提案する。おのおのの生き物は、心臓の拍動に代表されるように、それぞれに固有の「リズム」をもっている。これがその動物にとっての「時間の流れ方」の基礎をなす。ネズミの時間は速く、ゾウの時間はゆっくりと流れる。

このことは逆に言えば、たとえば「一時間」という（物理的には）「同じ」時間をとって見ても、ネズミにとってのそれとゾウにとってのそれはまったく「違う長さ」の時間である、ということになる。これらを踏まえて、氏はこれまで支配的であった「物理的時間」

に対して、次のように「生物学的時間」を提案する。

私たち現代人は、物理的時間が唯一の正しい時間だという、大変に強い思い込みをもっています。これは当然かもしれません。現代のこの物質的繁栄を築いたのは技術であり、その基礎になっているのはニュートンの物理学です。ニュートンは、時間とは全宇宙どこでも同じ、一定の速度で一直線に流れていくものだと考え、これを「絶対時間」と名づけました。時間がどこでも同じだからこそ、天体の運動もリンゴが木から落ちるのも、同じ時間の微分方程式で書き表せるのです。これは科学の偉大な成果です。

このような見方に対して、別の時間もあるのだ、ということを本書では指摘したいのです。生きものには生きものの時間があるのです。ならば当然、生きものを理解するには、その時間を使わなければならないでしょう。……安易に時間は一つなどと思い込んではいけません。それに、時間が一つだけと考えるのは窮屈でしょう。いろいろな時間があったほうが自由になりますし、いっぱいあれば豊かだし楽しくなるのではないでしょうか。（『時間』、ＮＨＫライブラリー）

これはまさに「**エコロジカルな時間**」と言えるものであり、私たちを狭い認識の枠組みから解放してくれるような時間についての見方であると思われる。

さらにこうした見方で考えてゆくと、現代人がなぜこれほどまでにストレスに悩まされているか、ということについても新しい視点が得られるだろう。人間の生物学的組成ないし遺伝子は、約三万年前のクロマニョン人の時代からほとんど変化していないが、それは基本的に狩猟か農耕を始めたころの生活環境やリズムに適応したものだった。ところが、「文化」をもった人間は、どんどん新しい環境をつくり生活を変えてゆく。その変化はあまりにも速く、人間の生物学的特性つまり遺伝子の変化が到底追いつけないものである(進化生物学でいうところの、人間における「遺伝子と文化の対立」)。つまり、現代社会の生活やそこでの「時間」のスピードは、人間がもともともっている「生物学的時間」とあまりにも乖離してしまっており、それが現代人の深いストレスの源なのではないか、ということである。

†時間の生物学と時間の経済学

話が「生物学的時間」ということに及んだ関連で、さらに本来の流れからは脱線することになってしまうが、「時間の経済学」ということについてもふれておきたい。

現在の経済学は、基本的にニュートンの古典力学をモデルにしているものなので、当然のことながら、〃均質に、そして無限に流れる〃「絶対時間」ないし「直線的な時間」を前提としている。一方、経済学が現実の経済問題に十分答えられなくなっている、と言われるようになって久しい。その原因は、もしかしたら、こうした「時間」のとらえ方という根本的なところにあるのではないだろうか。

例えば「労働時間」という点をとって見ると、週休二日制も普及してきたし、働く時間は昔に比べずいぶん減っている。しかし逆に私たちの「忙しい」「仕事に追われる」という感覚はむしろ強くなっているように思われる。なぜだろうか？

ここで「(仕事の) **時間密度**」という概念を導入してみよう。そう、私たち現代人の生活は「時間密度」が圧倒的に大きくなっているのである。単純な例で、以前なら、たとえば東京のサラリーマンが北海道に行く出張は一泊二日の仕事だった。今はそれは日帰り仕事になっている。要するに「単位時間にする仕事量ないし密度」が倍になっているのだ。ストレスがたまるのも当然である。

さらに次の点が重要と思われる。経済というものは、ある段階まではモノの豊かさの「絶対水準」が増すという形で成長する。ところがある段階を過ぎると、経済成長は、ほとんど「スピードが速くなる」ことしか意味しなくなるのではないだろうか。そうなると、経済が成長したと言われても、豊かになったという実感はなく、「忙しくなった」という感覚ばかりが増すことになる。

考えてみれば、ほとんどすべての経済指標は、富の生産や経済活動の「単位時間あたりの」量で計られている。もちろんこの場合の「時間」は物理学的な、直線的時間である。このことの意味を考えてみると、食料など人間の基本的なニーズというものは、何らかの生物学的な基礎をもつものである。したがって生物としてのエネルギー摂取や新陳代謝ということを考慮すると、「単位時間あたり消費量」ということはそれなりの意味をもつ（例えば一日当たりの必要なエネルギー摂取量というものがある）。したがって、経済活動が衣食住など主として生物学的な基本ニーズの充足ということに関わっている段階では、「時間当たり」ということは一定の重要な意味をもつことになる。ところが経済活動がある段階以上に進むと、商品とそうした生物学的なニーズとは直接的のつながりをもたなくなってくる。そして、ファッションやモードがそうであるように、「時間的なスピードの速さ」あるいは「変化」それ自体が消費の対象となる。また、金融の世界などはまさにこうした「スピード」の要素が独立の価値をもっている。株式市場がそうであるように、他人の選好を予測しながら、いかにタイミングよく金を一方から他方に移し、利ザヤを稼ぐかということが自己目的となる。いずれにしても、こうして「時間」やスピードそのものが主観的な消費や取引の対象に繰り込まれ、それが競争の中で増幅されていく中で、経済活動は「生物学的時間」からどんどん乖離していくように見える。

このように考えてくると、「(経済)成長」ということの意味も根っこから考えなおす必要があるように思えてくる。経済成長ということが、もはや実質的な豊かさを表すものではなく、単にスピードが速いという意味しかもたないものだったとしたら、また、それによって個々人が互いに縛られ合い、ストレスがたまるだけだったとしたらどうだろう? いまの日本社会は、誤った「成長」概念にとらわれていて、どこか「歩くスピードが速すぎる」のではないだろうか。逆に言えば、少々「経済成長率」が落ちるということは、要するに「歩く(生きていく)スピードをちょっとゆるめる」ことに過ぎないのである。だとしたらむしろ歓迎すべきことではないだろうか。ともあれ、経済学は自然科学の変化を後から追いかけていくことが多いから、相対論にしても先ほどの「生物学的時間」にしても、もはやニュートンの「絶対時間」が単純には維持されないいま、新しい「時間の経済学」が求められているのではなかろうか。

2　自然の歴史性

†私にとっての過去と時間／人類にとっての過去と時間

谷川俊太郎の処女詩集『二十億光年の孤独』の冒頭を飾る詩は次のようなものである。

生　長

三歳
私に過去はなかった

五歳
私の過去は昨日まで

七歳

私の過去はちょんまげまで

十一歳
私の過去は恐竜まで

十四歳
私の過去は教科書どおり

十六歳
私は過去の無限をこわごわみつめ

十八歳
私は時の何かを知らない

前節で「意識の進化」という話から「エコロジカルな時間」というテーマに及んだが、そこで見たように、私の意識そのものが自然からのひとつの派生物である。一方、この詩にも示されているように、私の意識や存在は、宇宙や生命の大きな歴史の中にあるものである。私はその中で生まれ、死んでいく。こうしたこと、つまり「自然の歴史性」とその中での私、ということをどう考えたらよいのだろうか。

考えてみると、この詩での「私」の「生長」に伴う過去の延長ないし拡大は、次のような意味で実は人類にとっての過去の延長を凝縮したかたちで反復したものとなっている、とも言える。

すなわち、西欧にそくして見ると、一七世紀のアイルランドの大司教で、宗教対立の和解に努めたとされるアッシャー大司教は、『旧約聖書』に出てくる人物の年齢を合計して、宇宙創世の時期を紀元前四〇〇四年のことと算出したそうである（ホーキング『ホーキングの最新宇宙論』）。また、科学史家のロッシは、「フック（一六三五—一七〇三）の時代、人類には六〇〇〇年の過去があったが、カント（一七二四—一八〇四）の時代には、自分たちには何百万年もの過去があることがわかっていた」と書いている（『時間の矢、時間の環』）。

つまり、啓蒙主義の時代である一八世紀をへて、『聖書』の年代記にそくした「数千年」という規模の歴史観／宇宙観は一九世紀初め頃には考慮に値しないものとされるようになり、代わって数百万年という単位の歴史ないし時間が語られることになる。進化生物学者のグールドが「悠久の時間(ディープ・タイム)」の発見と呼ぶように、ここには確かに「意識の変革」とも呼べるようなある種の飛躍があるようにも見える。こうした方向を実質的に担ったのは、化石や地質の研究をもとに地球の歴史を明らかにする地質学の展開であり、その大きな金字塔が、チャールズ・ライエルの大著『地質学原理』(一八三〇―三三年)であった。若きダーウィンがビーグル号の航海に乗り込んだとき携えたのも、ミルトンの抜粋とこの『地質学原理』だったという。

やがて一九世紀半ばには、物理学者のケルヴィンが熱力学の第二法則を基に「地球の年齢」をおよそ一億年と推計する(ダーウィンにとって、これは生物の多様な進化には短すぎる時間であり、自然選択説にとっての障害と感じられたらしい)。「地球の年齢」はその後も論争の中心であったが、今世紀初頭には放射線が発見されて新たな推計法が可能となり、ケルヴィンの計算した地球の年齢は短すぎることが明らかになり、それはさらに延長される。

細かく追っていけばキリがないが、ともあれ**このように人類全体にとっても、ちょうど先の谷川俊太郎の詩の「私」にとってのように、「過去」は次第に延長し拡大していった**のである。そしてそれは、意外にごく最近のできごと――西欧にそくして見ればこの二〇〇年程度、それを「知識」として輸入した日本人にとって見ればせいぜいこの一〇〇年あまりの出来事――と言えるのである。

つまり現代の私たちは、ごく当然のこととして、人間が（「文明」の発生以降の）「有史」だけでも数千年の歴史をもち、また人類ということで見れば数万―数百万年の、生命や地球ということで見れば数十億年の歴史をもち、さらにその先に宇宙の歴史が、そしてそれらを貫くものとして「時間」そのものが無限の直線として存在している、という歴史観ないし時間観をもっている。それが「教科書どおり」ということなのだろうが、こうした時間や宇宙の歴史についての意識は比較的最近のものであり、また必ずしも自明のものではない。では、このようなことを考えていくなかで、私たちにとってどのような新しい「時間」の意味が見えてくるだろうか。

†自然の歴史性

私の意識そのものが、進化の産物であり、宇宙や生命の大きな「歴史」の中にあるものであることは間違いない。その中で私は生まれやがて死んでいく。そこにどういう「意味」があるのだろうか。宇宙や生命の歴史、そしてその中での自分の位置というものをどうとらえたらよいのだろうか。

「自然（あるいは宇宙）の歴史性」という発想は、言うまでもなく、もともとキリスト教が強くもっていたものである（キリスト教の時間観については仏教のそれとも対比しながら第四の旅でくわしく見ていきたい)。「創世記」に代表される宇宙創造論から終末に至る壮大な宇宙全体の歴史とドラマ——と言ってもその歴史の時間の長さが意外に短いものとして考えられていたことは先ほど見た——、そこでの人間の位置や善悪の意味。それは「自然の歴史」のひとつの典型である。ただ、キリスト教の場合、アクセントがあったのは圧倒的に「人間の」歴史であり、自然や宇宙の歴史は、むしろそうした人間の歴史性が〝投影〟されたものというに近かった。例えば神学者のブルトマンは後期ユダヤ教の終末論について、「後期ユダヤ教の宇宙論は、人間の運命を世界の運命におき代えることによって歴史化された」と述べている(『歴史と終末論』)。

それが、近代に至ると、キリスト教的な「救済に向けた壮大な宇宙の歴史」という発想が後退したこともあり、自然そのものの歴史性という考えは背景に退き、むしろ自然や宇宙そのものはずっと不変のものであり、かつ「始まりも終わりもない」という見方が前面に出ることになる。ホーキングはこれを「静的で不変な宇宙」と呼び、また科学史家のギリスピーは「ニュートンのすべての業績を見ても、宇宙は現在もその創造の日もまったく不変である」と述べている(『科学思想の歴史』)。実は「静的で不変な宇宙」という意味では、これはギリシャの宇宙観と共通のものである。ただギリシャの場合には、人間もまた回帰的なものとしてとらえられたから、自然と人間を包括するコスモロジーがそこにあった。近代（科学）の場合は、「自然の不変性」と「人間の歴史性」の分裂がむしろ際立つことになる。

そのような理解に変更が加えられ、再び「自然や宇宙、生命の歴史」という発想が現れてくるのは、やはり一九世紀であり、それを先導したのは先ほど見たような地層や化石の研究を行う地質学者や古生物学者たちであった。ギリスピーの「地質学は科学に歴史的次元を導入した科学である」という言葉に示されているような、地質学者のハットンやライエル、そしてダーウィン等へとつらなる流れである。

いずれにしても、こうして生命の歴史、地球の歴史、宇宙の歴史という具合に、**自然そのものが独自の「歴史」をもったものとして理解される**ことになる。このことは私たちにどのような意味をもつだろうか。また、こうした歴史をもつものとしての自然は、「私の意識／世界」とは、どのようにつながるのだろうか。

†自然の時間への通路

ひとつ考えられることは、自然そのものも「歴史」をもつことが認識されることによって、近代（科学）的な了解にあった上記のような「自然と人間のあいだの分裂」（人間は歴史をもち不可逆的に変化していくが、自然は不変ないし回帰する存在であるとの了解）に再び橋

図7　宇宙、生命、人間の歴史と「私」の時間

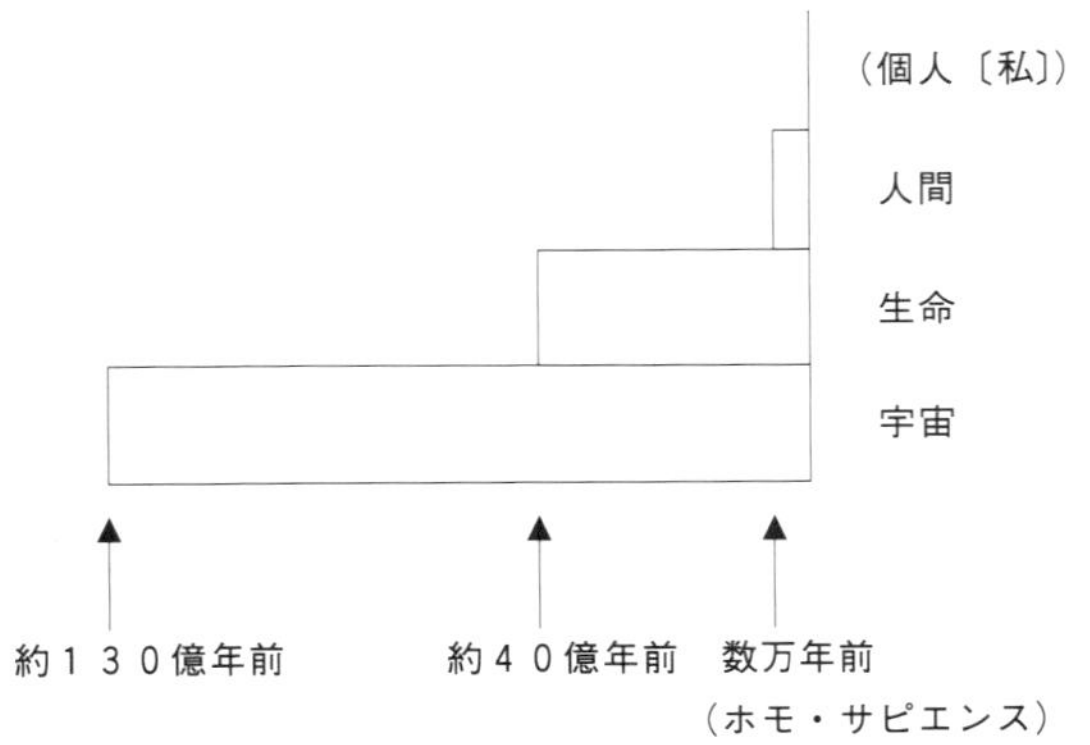

が架けられる、ということである。つまり、人間も、そして自然もともに「歴史をもつ」存在であることに変わりなく、**人間はそうした自然ないし宇宙の大きな歴史の一部である**、という了解である。こうして、「人間と自然の連続性」ということが、新しいかたちで回復される道が開かれることになる。

　そうしたことを少し異なる角度から考えるために、図7を眺めてみよう。宇宙の始まりは約一二〇―一三〇億年前のことであり、地球の歴史は約四六億年、生命の歴史は約四〇億年、人類（ホモ・サピエンス）の歴史は数万年程度である。図7は、見ておわかりのとおり便宜上「生命」や「人間」の幅を長めにとっている。特に「人間」の歴史については、ホモ・サピエンスの登場が「宇宙カレンダー」（カール・セー

ガンが提唱したもので、宇宙全体の歴史を一年に見立ててカレンダーにしたもの）」の〝大晦日の午後一〇時三〇分〟ということからも想像されるように、この図では本当は幅をもたないほどの短いものである。図ではさらに「個人（私）」を入れているが、これに至っては限りなくゼロに近いものである。

さて、図7では宇宙、生命、人間（個人）がいわば積み重なるようなかたちで示されている。ここでまず当然のことであるが、この図は一面において、時の経過の「長さ」を示している。人間の歴史に比べて生命の歴史ははるかに長く、それに比べて地球は、宇宙は……、というわけである。そこにはいわば一本の、大きな時間の流れがある。

一方、少し発想を変えて、次のような考え方をしてみてはどうだろうか。

それは、（先に述べた「エコロジカルな時間」の発想も踏まえながら、）いま述べたような人間—生命—宇宙等々といった各レベルにおいて、「異なる時間の層」がある、あるいは「時間」そのものの流れ方が違っている、と考えてみることである。

人間の時間はめまぐるしく速く流れ、変化していく。そして非常に短い。それに比べると、生きものたちや、木々や森などの時間は、本当にゆっくりと流れている。しかも場合によってそれは、人間から見るとほとんど「永続」しているかのように映ることがある。ましてや、生命以外の自然、たとえば山や海、地質や地形の変化、地層の積み重なりといったことになると、その時間の流れのゆるやかさや永続性は、私たち人間の想像を超えている。

つまり、図7に示したような宇宙や生命の歴史を、**単に「一本の長い時間上のできごと」としてとらえるのではなく、いわば時間の重層的な積み重なりとしてとらえる**のである。

そうすると、それは表層にある「めまぐるしく変化する時間」から、下の層に行くほど「より変化のスピードがおそく、ゆったり流れ、永続する時間」になっている。もちろん、変化するのは事物であって時間そのものではないとすれば、それをあえて「時間」と呼ばなくてもいいのかもしれない。「ゆったりと変化する、永続的な何ものか」といった言い方でもよいだろう。しかし、本章で見てきたように私たちはとかく「均質な、唯一の絶対時間が存在する」という発想にしばられてものを見てしまいがちなので、時間そのものが複数存在する、という言い方をしたほうが、その意味するところがかえって鮮明になる場合があると思われる。

そして、こうした見方をすることで、「私の意識／世界」と、ここで問題としている「宇宙や生命の歴史」という〝大きな物語〟との接点が見えてくるように思われる。つまり、私の生は、単に宇宙や生命の歴史の「一本の長い時間」の上に、そのほとんど見えない瞬間のようなものとして存在しているのではない。いま述べたような時間の層の積み重なりということを考えると、私の意識の深部にある時間の層と、宇宙や生命の全体について見た場合の深い時間の層とは、重なり合っているのではないだろうか。つまり、私の意識の深部をたどっていったときに見えてくる根源的な現在〈原・現在性〉とは、別の角度から見ると「自然の時間」ということにつながっているのではないだろうか。

そのように考えると、私たちが木々の緑や水の流れなど、自然に接することである種「癒される」ような感覚をもつことがしばしばあるのは、それはいわば、そのことによって私たちが根底にもっている「**自然の時間**」にふれることができるから、と言えるように思われる。前に「時間の経済学」として述べたように、人間の時間、特に現代社会における時間は、目まぐるしいほどの速いスピードで流れる。しかしそうした「カレンダー的な時間」、直線的な時間の底に、私たちはゆっくりと流れる「自然の時間」をもっている。そのような時間の次元から離れてしまうと、あるいはそこへの通路を失ってしまうと、私たちの心は何か閉ざされたものとなり、いわば「根」を失った、束縛されたような状態に追いやられてしまうのである。

†「待つ」ことの意味——農耕の時間と工業の時間

前節でも見たように、人間という種は、その生まれた時から「時間（時間性）」の中を生きる存在であり、その限りでは、当初から自然とのある種の断絶をもった生き物だった。ただ、実質的に見て、人間が「自然の時間」から大きく乖離するようになったのは、おそらく「工業化（産業化）社会」の到来ということが決定的であったと思われる。というのも、作物を育てる、ということを少しでも経験してみると明らかなことであるが、農業の場合には、種を蒔いてから芽が出て育ち、花が咲き、実がなり……という全過程を通じて、その時間的進行のいわば主導権を握るのは「自然の側」であり、人間はただそのリズムに合わせていく他ない。私は父親が農家の出なのでそれなりに身近なものとして感じられるのだが、農家の生活というものは、米作りのプロセスひとつとってみても、完全に「一年」という自然のサイクルとともにある（冬などは農作業がないから文字通り〝シーズン・オフ〟であり、ただ翌年の準備とか普段できない作業をして過ごす。それらすべてを規定するのは「自然の時間」の流れである）。

端的に言えば、農業までの段階では、「**待つ**」ということが人間全体の生活において決定的な意味をもっている。ところが、これが工業になると大きく変わる。機械の動きをはじめ、その生産の過程を人間がほとんど自由にコントロールできるようになるのである。人間は自然の何かを「待つ」必要がなくなり、こうして「時間」はほぼ完全に人間のものになる。それはもちろんひとつの便利さ、豊かさのかたちではあるだろうけれども、そのことを通じて失ったものに、私たちはいま気づき始めているのではないだろうか。
ここまで述べてきたようなことを、「森の時間」をめぐる具体的な考察や関わりを通して印象深く展開しているのが哲学者の内山節氏である。内山氏は著書『森にかよう道』で次のように述べている。

森では様々なスケールの時間循環の世界が展開している。……春の営みから夏の営みへと、すなわち季節とともに展開していく、一年を単位とする循環的な時間世界もあるだろう。しかしそれだけでなく、森に暮らす生命たちには、それぞれに固有な世代更新のための時間循環がある。
一年を単位として世代更新を重ねていく草花から、数百年のスケールで新しい生命へと更新していく樹々もある。数十年を単位とする木から、数千年もの長大な時間を生きる屋久島の杉までがあり、その森のなかでは鳥や虫たちもまた、それぞれに特有な時間循環の世界をもっている。

これは、先に見た「エコロジカルな時間」という主題ともそのままつながる内容のものであろう。「人間の時間」に対する「自然の時間」。それに対する感受性やつながりをもつこと。「人間の時間」を相対化すること。

まとめよう。本章で述べてきたことは、冒頭のミンコフスキーの「生きられる現在／生命との接触」という言葉に象徴されているように、いわば根源的な現在こそが私たちが生きている時間の根っこにあるということであり、そしてそれは「自然の時間」あるいは「エコロジカルな時間」というものに重なってくる、ということだった。これらはともに、私たちの生きるこの世界の、もっとも根源的な「時間」の層であり、価値の源泉である。私たちの生はこれらの次元とのつながりをもって初めて、生き生きとした意味や、その拠りどころをもつことができるのである。

3 私の有限性、自然の有限性

しかし、それでもなお問いは残る。そのように考えたとしても、一歩外から見るかぎり、私の生が有限であること、私がやがて死ぬことはやはり確かなことである。いままでの話だけでは、こうした「私の生（の時間）の有限性」ということが、つまり「死」ということが、直視されていないのではないか。

ここで「私の生（の時間）の有限性」というとき、さしあたり問題となるのは次のふたつの関係である。

第一に、私の死後も生きている、私の知っている人たちとの関係。

第二に、私の死後もあり続ける、自然との関係。

ここでは便宜上、前者を「コミュニティの時間」との関係と呼び、後者を「自然の時間」との関係と呼ぼう。

†「私の時間」と「コミュニティの時間」

まず、「コミュニティの時間」との関係について。たしかに私の生が有限であることは非常なはかなさの感覚をもたらすものではある。しかしまったく逆に、次のようにも考えられる。

それは、他者たちとの関係において、もしかりに「私（の人生）の時間」だけがずっと永続する、ということがあったとしても、それはまた別の意味で非常に虚しいものとなるはずではないか、ということである。

たとえば、現実にはありえないことだが、私だけが一〇〇〇年の人生を送ることができるとしよう。その間に、私にとって親しい人は、当然のことながら皆先に死んでいく。もちろん、新たに知り合うということはあっても（たとえば私が二〇〇歳の時に新しい友人ができる、といったことはありえても）、そうした人々もみな死んでいく。それは非常に空虚な感覚、ある意味ではもっとも根源的な孤独感をもたらすのではないだろうか。このことは、たとえ私の人生が一万年かそれ以上になったとしても変わりないはずだし、むしろ死んでいく相手との関わりが深いものであればあるだけ、その苦しさ、つまり自分だけが一人残り長い時間を生きなければならないということのつらさは、大きいものとなるはずである。

いずれにしても、個人としての人間の生――「私（の生）の時間」――は、私をとりまく人々と共有する時間、すなわち「コミュニティの時間」とのつながりをもってこそ、充足した意味をもちうるように思われる。言い換えると、**私たちは無機的な時間軸上を生きているのではなくて、実は、自分の知っている人たちがともに生き、時間を共有しているという意味での「コミュニティの時間」の中を生きている**のである。

このことを裏返して言うと、人間が本当に切実な関心をもつのは、時間の幅にそくして見ると、「私（の人生）の時間」を中心にしてその前後五〇年くらいの期間に過ぎない、ということでもある。

こうしたことをよく示した次のような（四コマ）マンガがあった。環境問題の専門家が

「三〇年後」には環境悪化がここまで進むと説明し、「みなさんのお孫さんの時代ですよ」と付け加える。聞いている(中高年の)人々の反応はかなり大きなものである。気をよくした説明者が続いて「さらに一〇〇年後には」環境破壊がここまで――という話をすると、もう反応は完全に〝人ごと〟である……(「秋山りすのどーでもいいけど」「朝日新聞」一九九七年一二月一三日)。

先ほど〝人間が切実な関心をもつのは、「私(の人生)の時間」を中心にして、その前後五〇年くらいの期間〟であると述べたが、それは要するに「私の知っている人たちが生きている時間」ということであり、それがその人にとっての「コミュニティの時間」なのである。

†別れとしての死、無としての死

このように、「コミュニティの時間」とのつながり、他者とのつながりということを考えると、「コミュニティの時間」や他者の生が有限なものである以上、私の生(の時間)の有限性は、それ自体として絶対に受け入れ難いものではなくなる。私が知っていると否とを問わず、すべての者が死んでいく。私だけが「この世界」に残って何になるだろう。

逆の場合、つまり私が「その人」よりも先に死ぬ場合も同様である。たしかに私も死ぬ。

しかし私の死を送るその人も、やがては確実に死ぬ。**私が永遠に「死」の側にいて、「その人」が永遠に「生」の側にいる、ということは絶対にない。**私の死を送る人もすべて死ぬのだし、それらの人の死を送る人もまたすべてそうなのである。大きな目で見れば、「死の時期に、多少の前後があるに過ぎない」のである。

こうした文脈での、つまり他者との関係における死の耐えがたさは、つまるところ「別れ」の耐えがたさであり、私の生の「有限性」そのものの耐えがたさではない。先にもふれたように、愛する者を失った者にとっては、自分もまたやがて死にゆく存在であること、有限な存在であることは、ひとつの救いでもありうる。

しかしながら、死には、こうした（他者との究極的な）「**別れとしての死**」という面と同時にまた別の側面がある。それは（絶対的な）「**無としての死**」とでも言うべき側面である。前者が他者との関係性における「死」だとすれば、後者はそうした他者との関係を介しない、「死そのもの」と私との関係に関わるものである。

やや比喩的な言い方をするならば、次のようにも言える。先ほどから述べている「別れ」としての死ということが、「**他者との別れ**」ということであるとするならば、ここで言う「絶対的な無」としての死とは、いわば「**自分自身との別れ**」としての死であると。つまり、私の死において世界が「無」であるということとは、まさにそうしたことを意識する自己自身が存在しないこと、「無」や「自己」を意識する私自身が存在しないということであり、「意識する私」そのものとの別れ、自分自身との別れに他ならない。これはおそろしいことではないだろうか。死のもたらす究極的な恐怖とは、他でもなくこの点にある。

先ほど、愛する人との死別、という文脈においては、自分もまた死にゆく存在であること、自己の有限性ということは、受容可能なものでありうる、ということを述べた。それでは、いま述べているような、「絶対的な無としての死」ということは、どのようにして受容できるものとなりうるのだろうか。

ひとつの可能性は、前節で述べたような、「自然」ないし「自然の時間」とのつながりをもつという点にあるだろう。私は自然の一部であり、自然あるいは生命の大きな流れの中に位置している。個人としての私は死ぬとしても、私の深い部分、自然につながる部分は存在し続ける。このような感覚が、「絶対的な無としての死」や、それのもたらす恐怖から、私を解き放つ大きな通路になるのではないか？

†再び自然の歴史性

しかしながら、本章ですでに見てきたように、自然もまた「歴史」をもつ存在なのである。「自然の歴史性」ということが様々なかたちで明らかになってきた現在、「人間＝歴史をもつ存在、自然＝回帰し、永続する存在」という単純な対比はもはや維持しがたい。人間の視座から見るとほとんど永続しているように見える自然のもろもろの存在も、ゆったりとしたものではあるが、すべて変化の歴史をもっている。

「存在するものが存在しなくなる」ということが、「死」ということの究極的な意味だとすれば、動物や植物などの生き物はすべてそうだし、山や川も死ぬのであり、そして地球も死に、ひいては宇宙も死ぬ。**自然そのものもまた、「生命」あるもの、ないものを問わず、すべて最終的には「死にゆく存在」なのではないか？**

　このような自然の歴史性ということは、私たちにとって、あるいは死生観ということにとって、どういう意味をもつのであろうか。私自身も死ぬけれども、自然や宇宙もまた死にゆくものであるということは、私にとってむしろひとつの救いをもたらしうるだろうか。また、**自然そのものもまた変化の中にあり、永続するものではないとすれば、真に永続するもの、永遠のものとは何だろうか。**あるいは、そのような存在を求めること自体がもはや退けられるべきなのだろうか。

　本章では、私たちの生きている「この生」の世界のもっとも根底にある時間の層として、「根源的な現在」そして「自然の時間（エコロジカルな時間）」ということを見てきた。私たちの生は、こうした次元とのしっかりとしたつながりをもってこそ生き生きとした意味をもちうる。しかしながら、これらは最終的にはいわば「生」の内部に関することがらである。これに対し、先ほどから話題にしているのは、それらをさらに越え出た、生と死とがふれあう場所、とでも言うような時間の領域である。

このように考えていく中で、私たちは科学や哲学などの領域から、「宗教」あるいは「時間を超えた存在」といった領域に、半ば足を踏み入れているのだ。この生ある世界の内部の時間ということに限定されず、そうした死や永遠ということまでを視野に入れたテーマへと、章を改めて進んでいくことにしよう。

第四の旅

俗なる時間と聖なる時間

1　宗教と死生観

†哲学／科学と宗教のあいだ

佐野洋子氏の作品によく知られた『百万回生きたねこ』という絵本がある。主人公のねこは、題名のとおり何度も生まれ変わりの生を生きていて、王様に飼われるねこだったり、サーカスのねこだったり、少女に飼われていたり、等々とその都度様々な生を経験するが、常に覚めた目で飼い主や自分の周りの世界を見ていて、心が充足されることはなかった。ところがある時、身近にいたある雌ねこを好きになり、二匹はやがて一緒になり子どももできて、主人公のねこは深い充足を得る。しかし生あるものの常としてやがて雌ねこは死に、主人公のねこは悲嘆にくれ三日三晩泣きつづける。そして雌ねこの後を追うように彼も死んでいくが、それを最後に、もうそのねこは、以前のように生まれ変わることは二度となかった、という物語である。人の生き死にということに関するすべてが描かれている作品と言ってもよく、私の周りにもこの物語が好きだという人は多い。

ここでもまた、このような作品に解釈めいた記述を加えることには気がひけるが、この作品が伝えているメッセージには様々なものが含まれているように思われる。ひとつには、第三の旅でもふれたような、「別れとしての死」に関することがある。「本当に愛する存在、相手を失った者にとっては、自らもまた死にゆく存在であることは、むしろひとつの救いではないか」、ということである。

同時に、この物語が直接語っているのは、いわば輪廻転生――百万回生きること、そしてなお果てなく生き続けること――と、そこからの離脱、そしてそうした輪廻転生からの離脱によって到達する「永遠の救済」というような、まさに仏教的とも言えるような死生観、宇宙観である。

私たちは、このような死生観をめぐるテーマを、どのようにとらえ、また自分のものとして築いてゆけばよいのだろうか。

第三の旅の終わりに述べたように、こうしたテーマを考えていくと、私たちはどうしても「宗教」と呼ばれる領域に足を踏み入れていかざるを得ない。ただ、「宗教」と一口に言っても、その意味すること自体が実は曖昧である。宗教とはそもそも何だろうか。あるいは言い換えると、私たちは「死生観」ということを考えるとき、「どこまで」は、宗教とあえて呼ぶ必要のない、哲学や科学の領域にとどまりながら考えをすすめることができ、「どこから」は宗教と呼ばざるをえない領域に足を踏み入れなければならない（あるいは、最後までそうする必要はない）のだろうか。そして、その場合の境界——哲学・科学と宗教の間の境界——はいったい何なのだろうか。

†宗教をめぐるいくつかのレベル

ところで、誤解のないようまず断っておくと、いまここで「宗教」と呼んでいるのは、「特定の宗教（のもつ儀式や教義）」のことを言っているのではない。宗教と一口に言っても、それには様々なレベルがある。例えば、

（a）特定の（個々の）宗教の教義
（b）「宗教感情」とでも言うべきもの
（c）宗教の「（論理）構造」とでも言うべきもの

といったレベルが少なくとも区別できるように思われる。このうち（a）は個々の宗教に焦点をあて、その教義や儀式等の個別的な内容それ自体に関心を向けるものである。いま述べたように、ここではこうした点は中心的な関心の外に置くこととしよう。一方（b）は、たとえばドイツの宗教学者ルドルフ・オットーが、「ヌミノース体験」と呼んだ経験ないし感情などに対応するものである。オットーは、宗教における「聖なるもの」を

追求し、その中における合理的な要素と道徳的な要素を引き去ってもなお残るものに注目し、それをヌミノースという言葉で呼んだ（オットー『聖なるもの』）。このような「宗教感情」と呼ばざるをえないようなものが、人間の意識の根底には何らかのかたちで存在している。たとえば、宇宙の広がりや自然の圧倒的な大きさに対する畏敬の感情、といったものである。最後に（c）は、おのおのの宗教における、その人間観、生命観、宇宙観等といったものの実質的な内容や論理に関するものである。

宗教と時間に関する本書での考察で主眼をなすのは、以上のうち基本的に（c）の次元に関するものである。例として適切かどうか若干ためらいもあるが、次のような点を考えてみよう。例えば『(新約）聖書』の冒頭を開くと、「マタイの福音書」として、「アブラハムの子孫、ダビデの子孫、イエス・キリストの系図」との断り書きがあったうえで、「アブラハムにイサクが生まれ、イサクにヤコブが生まれ、ヤコブにユダとその兄弟たちが生まれ、……」という系図に関する記述が延々と続き、最後に「それで、アブラハムからダビデまでの代が全部で一四代、ダビデからバビロン移住までが一四代、バビロン移住からキリストまでが一四代になる」と小括された上で、イエス誕生の物語へとつながっていく。これらは『旧約聖書』の内容を受けたものでもあるのだが、しかし、こうした系図に関することやそれぞれの登場人物一人一人の名前や物語の詳細それ自体が、キリスト教の本質的な部分であるとは誰しも考えないだろう。もちろん、『聖書』にしても何にしても、こうした聖典はおのおのがひとつの自己完結的な象徴体系をなすものだから、どの部分が「本質的」でどの部分がそうでないといった言い方は（ちょうど文学作品についてそうした区分ができないのと同じように）そもそもミスリーディングであるとも言え、筆者はこうした単純な言い方にはある種の抵抗を感じてはいるが、それでもここで意図していることはある程度理解いただけるのではないかと思う。要するに、ある宗教の教義や体系について、その世界観、人間観、生命観等の「本質的な特質」とでも言うべきものを、（他の宗教との比較や対比の下で）抽出する、という作業は不可能ではない、ということである。本章でまず考えてみたいのは、そうしたことを、特に「時間」という点を中心軸にしながら見ていくことである。

†宗教のふたつの本質

ここで、本書の主題である時間をめぐるテーマに入る前に、先に述べた「哲学／科学と宗教とを分ける境界ないしメルクマールは（かりにあるとすれば）何なのか」という問いに呼応する意味で、宗教の特質という点について考えてみたい。

筆者は宗教というテーマを主題的に追求してきた人間ではないし、ましてや宗教学（あるいはキリスト教神学、仏教学といった個別の宗教に関する学問的研究）といった分野を専攻する者ではないが、本書の主題に関する限りで、「宗教」というもの——ここでは、仏教やキリスト教のように、ある程度言語化された体系をもつ「高次宗教」と言ってもよい——の核心にあるものを筆者なりに追ってみると、それは次の二つの本質的な点に行き着くように思われる。これらは、後に整理していくように、いずれも「時間」ということと深く結びついている。

（a）「永遠」の位置づけ——「死」の意味への問い

（b）存在の負価性——世界の不条理性や「苦悩の正常性」

このうち、第一の「永遠」の位置づけとは、既にプロローグからいろいろなかたちでふれてきたように、宗教は、何らかのかたちで、「永遠」というものをその世界観のなかに位置づけ、それに本質的な意味を与えている、という点に関わる。「永遠」というものをどう理解し、位置づけるかというところに宗教の本質や、同時に様々なその相違が現れる、と言ってもよい。ただ、後に改めて考えていきたいが、ここでいう「永遠」とは、プロローグでもふれたように、「時間がずっと続くこと」という意味より、むしろ「時間を超えていること」つまり「超・時間性（ないし無・時間性）」というに近い意味である。

このように「永遠」ということが本質的なテーマとなるのは、上記のように、何といっても「死」との関係においてである。宗教とは、この文脈では、「死を含むコスモロジー（宇宙観）」を人々に提供するもの、と言ってもよいだろう。

たとえば仏教の場合にそくして、仏教学者の水谷幸正氏は次のように述べている。

> 初期ないし原始仏教において、人間は死への存在であることを強調しており、死は必然であり普遍であることを心底に受容することが仏道への第一歩であった。かの浄土宗第二祖聖光上人が「八万四千の法門は死の一字を説く」（『一言芳談』）と述べているのはあながち誇張ではない。**仏教は、大小乗を問わず、宗派の如何にかかわらず、死の教えであるといってよい。**……大乗仏教においては、この生死についての究明が教義の中軸になっている。そして、生死を超えた不生不滅のいわば永遠の生命観を確立した。（水谷幸正「ターミナル・ケアにおける仏教への期待」、同編『仏教とターミナル・ケア』、強調引用者）

もちろんこうした点はキリスト教などにおいても変わりない。いずれにしても、死というものを、生全体との関係においていかに位置づけるか、というもっとも基本的な問いの中で、「永遠」というコンセプトが必然的に出てくる。なぜなら、生とは、他でもなく私たちが「時間」の中に身を置いている、ということだから、死とは、その限りにおいて私たちがそうした**時間的存在ではなくなる**ということである。それは端的な「無」なのだろうか。

そもそも「無」としての死とは何か？　そのような「無」とは、実は直線的な時間というものを暗黙のうちに前提としているのではないか？　直線的な時間を前提とした上での「無」としての死ではなく、むしろ時間そのものを超えた何かということは考えられないのだろうか？　時間的な存在ではないとは、むしろ「永遠」と呼びうるものとしてとらえられるべきではないか？　いま述べている点は、こうした問いに関わるものである。

†幸福の神義論と苦難の神義論

他方、より価値ということに直接関わる点として、宗教の第二の特質として挙げた「存在の負価性」という主題がある。「存在の負価性」とはややわかりにくい表現であるが、要するに、私たちのこの「生」の世界、つまりは「存在」が、全体として「負（マイナス）」の価値を帯びている、という認識ないし理解をここではいう。

「生が全体としてマイナスの価値を帯びている」とは、ある意味おそろしい認識であるが、なぜこのような理解が生まれるのか。いくつかの背景があると思われるが、そのひとつの基本は、この世界の（価値的な）不条理性ということである。これは特別難しいことを言っているのではなく、むしろ誰もが一度は自ら思い至るような、素朴な認識と重なるものであり、要するに、たとえば「この世界では、ごく誠実に生きている人に、とり返しのつかない不幸やどうしようもない悲劇が襲いかかることがしばしばある」、「真面目に生きている人が、必ずそれに応じた幸福な人生を送れるとは限らない」といった不合理性のことを意味する。やや逆説的な言い方をすれば、「誠実な人間が、必ずそれに応じた幸福を得る」のが世の常であれば、宗教などというものは必要ないのであり、そうでないところに宗教の生まれるひとつの出発点があるとも言える。もちろん、これはやや表層的な言い方ではあるが。

こうした点に関して、社会学者のマックス・ウェーバーが述べた「幸福の神義論」と「苦難の神義論」という見方がひとつの基本的な視点を与えてくれる。

ウェーバーによれば、宗教の原初的な形態は、しばしば「幸福の神義論」というかたちをとる。これは、（ある人の）幸福ということを、神の力や働きによって根拠づけ、正当化する、という内容をもつものである。なぜこのようなものが生まれるのか。その理由をウェーバーは次のように説明している。

……幸福な人間は、自分が幸福をえているという事実だけではなかなか満足しないものである。それ以上に彼は、自分が幸福であることの正当性をも要求するようになる。自分はその幸福に「値する」、なによりも、他人と比較して自分こそがその幸福に値する人間だとの確信がえたくなるのである。したがってまた、彼は、自分より幸福でない者が、自分と同じだけの幸福をもっていないのは、やはりその人にふさわしい状態にあるにすぎない、そう考えることができれば、と願うようになる。自分の幸福を「正当な」ものたらしめようとするのである。（『宗教社会学論選』、大塚久雄・生松敬三訳）

人間の性向をストレートに言いあてた一節ともいえるだろう。いずれにしても、以上のような傾向性ゆえに、こうした幸福の正当化ということこそ、「一切の支配者・有産者・勝利者・健康な人間、つまり幸福な人びとの外的ならびに内的な利害関心のために宗教がはたさなければならなかった」役割であり、これがウェーバーが「幸福の神義論」と呼んだものだった。

しかしこうした「幸福の神義論」は、その内容からも想像されるように、宗教のもっとも原初的な存在理由のひとつに過ぎず、これだけであれば、世俗の道徳か、あるいは人びとの素朴な利害感情とそう異なるものではない。宗教が、より普遍的な意味をもつものへと転換するのは、こうした「幸福の神義論」を、むしろ根本から逆転させるような論理を宗教が見出したときにおいてである。それがウェーバーのいう「苦難の神義論」に他ならない。

「苦難の神義論」とは、つまるところ「幸福の神義論」の逆であり、要するに、この世の中で人びとに否応なく、そしてしばしば不条理なかたちで襲いかかる苦難や不幸について、それを何らかのかたちで「意味づけ」、そのことを通じて、人びとにある種の「救済」を与えることに本質をもつ宗教のことである。しかしこのことは、想像されるように、「幸福の神義論」に比べてそう簡単なものではない。とりわけそれを（単なる呪術的な説明ではなく）「合理的な」かたちで説明すること、つまりいわば首尾一貫した世界観の体系としてまとめることは至難の技と言ってよい。ウェーバーが述べるように、「当の個人にとって『いわれのない』悩みはあまりにも多かったし、……いちばん成功するのはあまりにもしばしばもっとも善い人びとではなくて、『悪しき者』であった」（前掲書）から。そうしたこの世の不条理を、ひとつの整合的な体系の中で位置づけ、人びとが最終的に納得できるだけの意味づけを与えられるような世界観というものは、容易にできるものではない。

そして、このような視点から世界の宗教を見わたすとき、ウェーバーの理解では、そうした苦難の神義論において「満足のいくような合理的な答えをあたえうる、そうした思想体系の姿をとったもの」は全体としてただ三つの思想体系だけだった、という。その三つとは、インドの業《ごう》（カルマ）の教説（ヒンズー教）、ゾロアスター教の二元論、及び「隠れたる神の預定説」（ユダヤ教）である。

ここまでの文脈を確認すると、ここでの主題は、先ほどから述べている「宗教のふたつの特質」のうち第二の「存在の負価性」ということの意味をできるかぎり明確にしておく、ということなので、これらの教説の内容にはここでは立ち入らないし、あるいは「苦難の神義論」に体系的なかたちで到達したものが以上の三つだけなのか、といった（当然ありうる）疑問などについても深入りしない。が、死や永遠の意味づけということと並ぶ、宗教の本質としての「存在の負価性」ということの意味の一端は、以上のようなことであることを確認しておきたいと思う。

一方、「存在の負価性」ということには、次のような少し別の意味もある。いま述べた「苦難の神義論」のような場合は、どちらかというと、誠実に生きている人を突然の災難や事件が襲うといった、いわば積極的な不幸や悲劇に関するものである。それに対して、そうした明らかな苦難というものではなくとも、あるいはむしろ逆にある程度の「幸福」

を享受している状況の中から生まれる、生そのものに対するはかなさ、虚しさの感覚というものがある。たとえば、どんな人間であっても、人間である以上やがては老いていき、そして死ぬことになる。だとしたら、「私」がいま一定の成功を収め、社会的な安定やそれなりの地位を得ていることにどれだけの意味があるのか。そうしたはかなさの感覚は、むしろその人がこの世の中で一定の成功を収めている度合いが強ければ強いほど、強いものとなるだろう。

若きブッダが直面したのもこうした課題であり、仏教はこのような意味での「存在の負価性」という認識をその基本にもっている。つまり、「いまさら言うまでもなく、釈尊出家の動機は、『生・老・病・死』の四苦の解決であった。したがって、四苦からの解放が仏教の目的である。仏道修行の目的も勿論ここにある。これが伝道教化のすじみちの基本である。人生は苦である、というのが仏教の基盤である」（水谷幸正編『仏教とターミナル・ケア』）。すなわち「一切皆苦」という仏教の基本認識であり、これは文字通り「存在の負価性」（存在または生はその基本においてマイナスの価値を帯びているとの認識）そのものである。もちろん、そうであるからこそ、後に見ていくように、そうした「苦」の連続としての輪廻転生からの離脱、ということが究極の価値として目指されるのである。

ちなみに、宗教学者のエリアーデが「苦悩の正常性」と呼んだこと、つまり人間が人生の中で出会う様々な苦悩について、それを異常なこととして視野の外に除外しようとするのではなく、そうした苦悩にいわば積極的な意味と価値を与えることに宗教の本質のひとつがある、という主張も、ここでの文脈と重なっている（エリアーデ『永遠回帰の神話』）。

ここで、いま述べている「存在の負価性」ということに関して誤解のないよう補足しておくと、通常、宗教はこうした「存在の負価性」を認識するところで〝終わる〟のではない。むしろ、私たちが生きているこの世界のマイナス性の認識を徹底していったその先に、いわばこの世界を超えたより根源的な価値――それは新しい〝光源〟と言ってもよいだろう――を見出し、その新しい価値でもって、もう一度この世界に光をあて、そこでの生により深い価値ないし意味を見出していく……。この一種の反転に、宗教の本質があるように思われる。

以上、宗教のふたつの本質ということで、

（a）「永遠」の位置づけ――「死」の意味への問い

（b）存在の負価性――世界の不条理性や「苦悩の正常性」

ということを挙げ、それについて若干の説明をしてきた。しかしながら、よくよく考えていくと、この両者、それぞれ「事実」と「価値」という一見異なる側面に関わる両者は、最終的には不可分のものとしてつながってくるように思われる。そして、このふたつをつなぐ本質的な要素として浮かび上がってくるのが、実は「時間」という存在をそもそものようにとらえるか、という点なのである。言い換えれば、「時間」が事実と価値をつなぐ通路となる。なぜなら、時間は一方において、当然のことながら（a）の「永遠」や「死」の問題に関わり、同時に、（b）の生の意味や価値の問題にも深く結びつくからである。このような点を踏まえて、時間ということを導きの糸としながら、宗教を中心に永遠や死や生の意味について考えてみよう。

2　死生観と時間

†直線と円環

キリスト教の時間観が「直線」的であること――すなわちそこでは人間／宇宙の歴史が、救済そして永遠の生命へと至る、不可逆的な歩みとして理解されること――は、既に繰り返し論じられてきたテーマであり、またその場合、「常に」と言ってよいほど、ギリシャの時間観が「円環」的であることとの対比において、そのことが主張されてきた。

このことは、ある意味で当然であって、というのも、キリスト教の教義がひとつの理論的な体系としてまとめられていく中世初期の時代において、その試み自体が、ギリシャの哲学体系を、いわば最大の論敵としてなされたからである。彼らキリスト教の「教父」と呼ばれた人々にとって、古代における最高の思想体系として映ったギリシャ思想との対決――やや卑近な言い方をすれば、それに対するキリスト教の優位を明らかにすること――こそが、キリスト教の真価を示すにあたっての最大の課題であった。

こうした試みをもっとも徹底したかたちで行い、キリスト教の時間観ないし世界観の基礎を確立したのが神学者アウグスティヌスであったことは、第一の旅でもすでに述べたことである。ここではこのテーマをより深めていきたいと思うが、まずアウグスティヌスに代表されるキリスト教教父たちの世界観や自然観の特徴がどのようなものであったかを簡潔に確認しておきたい。

こうした点（キリスト教の自然観の特質）について、科学史家の伊東俊太郎氏は、それを次のような三点に明確にまとめている（『近代科学の源流』）。
（1）ギリシャ的な「永遠な第一質料」という考えを否定し、これに代えて神による

「無からの創造」というキリスト教的な考え方を自然学のなかにもちこんだこと
(2)「世界の周期的循環」というギリシャ的な考え方を否定して、世界を終末に向かう直線的な「神の摂理」の進行というキリスト教的な概念をこれに代えたこと
(3)「天体の運動の人間の運命への影響」というヘレニズム占星術の考え方を否定して、「人間の自由意思」を擁護したこと

このうち(3)はここでの主題と少し離れるものなので置くとして、(2)は、まさに今ここで述べている「直線的時間」と「円環的時間」ということに関するものである。一方、これと深く関連しているのが(1)の論点である。このテーマは、「プロローグ」でふれた、「世界に始まりはあるか(あるとしたらその〝前〟はどうなっていたか云々)」という主題とも重なっている。

さて現代において、こうした主題を改めて取り上げ、キリスト教の本質を、その時間についての理解という点から明らかにしようとした興味深い著作のひとつに、プロテスタント系の神学者オスカー・クルマンの著作『キリストと時』(一九四六年)がある。いま述べているテーマについて、著者クルマンはまず、「我々は、時間の表象が、ヘレニズムにおいては円環であるのに対して、原始キリスト教、聖書的ユダヤ教及びイランの宗教においては

ては上昇する線である、というこの根本的認識から出発しなければならぬ」ということを指摘し、その上で、ギリシャの時間観について次のように述べる。

ギリシャ的な考えにあっては、時間が、始めと終わりをもった上昇する線ではなく、円環として考えられているために、人間が時間にしばられているということが、奴隷状態であり、呪いとして感ぜられなければならない。時間は、永遠の環をえがいて運動し、すべてのものが回帰する。その故に、ギリシャの哲学的思想は、時間の問題の解決に苦慮している。その故に、またすべてのギリシャ的な救済の努力も、この永遠の円環運動から解放されること、すなわち時間自身から解放されることに向けられているのである。

ギリシャ人にとって、救いが、時間的出来事のうちに行われる神の行為によって来るべきであるとは、考えられないことである。ヘレニズムにおいて存在する救いとは、我々が時間の円環的運行に束縛された此岸的存在から、時間を脱却した、常に自由に到達しうる彼岸へと移されることのみである。(『キリストと時』)

このように、クルマンは、「キリスト教の時間=直線的、ギリシャの時間=円環的」という対比を踏まえたうえで、後者について、そうした回帰する時間から解放され脱却していくことが、古代ギリシャ人ないしギリシャ思想にとっての課題であったとする。

こうしたクルマンの議論については、ギリシャ人の時間が円環的、回帰的であったとすること自体は確かであるとしても、必ずしも彼らがそこからの解放、離脱を強く志向していた、とすることにはやや疑問がありうるように私は思う。というのも、ギリシャ思想は基本的に現在充足的、あるいはこの世界や自然に対する肯定的、享受的な傾向が強く、むしろ「回帰する時間」――その原初的なイメージは明らかに「自然」の回帰性や循環性である――をそのまま肯定し、そこに身を置くことを積極的にとらえる、という面のほうが強かったのではないか、と思われるからである。

†日本人の場合――輪廻転生への肯定感と自然親和性

実は、このこと――時間の回帰性や輪廻転生ということについて、それを（仏教の場合のように）否定的にとらえたのではなく、むしろそれを積極的に肯定するという点――が端的にあてはまるのは、他ならぬ私たち日本人の時間観や死生観においてである。

日本人の伝統的な死生観には、死んだ人の魂が何らかのかたちで存在し続けるという、輪廻転生的な発想があり、しかもその場合、**輪廻転生それ自体が否定的にとらえられている**

わけではない。こうした事情について、民俗学者の鎌田東二氏は次のような興味深い説明をしている。

「生きかわり死にかわりして打つ田かな」という村上鬼城の句には、インド思想が本来持っていた輪廻への恐怖はまったくない。むしろ、転生し生まれかわってこの世に訪れ、または転生せずともその田がつぎつぎに子孫の手によって打ちつづけられるという、くりかえし田を打ちつづけられる生に対する骨太い肯定感がある。……**ここでは輪廻は忌避すべき存在ではなく、肯定すべき生のプロセスとして位置づけられている。**

ここでは、反復は自然のリズムを体験する回路となっているのである。「時」とは「ものが溶けること、また、くずれ流動していくものの意」と大野晋はのべている。ということは、「時」の語源は「解く、溶ける」にあるということだ。モノが溶け、解きほぐされて流れ出ていくこと。ここにある時間イメージは水の流動性を想起させる。村上鬼城が吟唱したように、その生成力に対する基本的な信頼がある。（『翁童論』強調引用者）

ここで指摘されていること、つまり伝統的な日本人の意識や死生観において、輪廻転生、あるいは自然現象や生命《いのち》の反復的な連なりが、むしろ肯定的なものとしてとらえられている、という点は、確かにそのとおりのことであると筆者も思う。それは、他でもなく、日本人が、その比較的恵まれた自然環境ということも手伝って、基本的に現在充足的あるいは現世肯定的な志向を強くもち、「自然」に対する親和性ということの非常に強い民族である、ということと表裏の関係にある。この限りでは、つまり自然親和性や輪廻転生的な見方への肯定感といった点では、日本人の感覚はギリシャのそれに近いものをもっている。

実際、身近な例をみても、たとえば「生と死について考える」といったテーマで学生たちにレポートを書いてもらうと、プロローグでもふれたように、輪廻転生かそれに類似した死生観をもっていることを書く学生が殊のほか多いのである。『ぼくの地球を守って』といった人気漫画が、しばしば輪廻転生的なテーマを扱っていることも思い浮かぶ。あえて輪廻転生と言わずとも、「自分が死んでも、自分は自然の一部となってずっと生き続ける」という感覚をもっている人は、むしろ多いと言えるのではなかろうか。

こうした主題は、一方で「時間」観の問題であると同時に、死生観や自然観の問題でもある。「日本人の死生観」ということに引きつけて見ると、加藤周一氏は、日本人にとっての「死の哲学的なイメージ」は、『宇宙』のなかへ入っていき、そこにしばらくとどまり、次第に溶けながら消えてゆく」というとらえ方である、としている（『日本人の死生観』)。他方、磯部忠正氏は、日本人の生き方は神中心でも人間中心でもなく、「自然」中心であり、ここでの自然とは、「大きな自然のいのちのリズム」とも「宇宙の大生命」ともいいかえてよいものである、という(『「無常」の構造』)。以上につき、相良亨『日本人の死生観』参照)。このような指摘は、たしかに私たちが意識の深い部分にもっている死生観や自然観をうまく言い当てているように思われるが、いずれにしても、これらの基調をなしているのは、自己と自然あるいは宇宙との連続性ないし一体性の感覚であり、死ということも、むしろそこへの回帰としてとらえられている。

†輪廻からの離脱——仏教

ところで、先の(ギリシャの時間観についての)クルマンの記述のように、回帰する時間や輪廻転生を明らかに「マイナス」のこととととらえ、そこからの解放や離脱を強く志向したのは、他でもなく古代インド思想そして仏教である。このことは、先に宗教の特質のひとつとしてふれた、「存在の負価性」ということと表裏一体の関係にある。存在の負価性、つまり「この世界」が根本においてマイナスの価値をもった存在であること——〝一切皆苦〟——が強く自覚されるがゆえに、そうした現象の世界から抜け出し、時間を超えた存在へと到達することが、志向されることになる。したがって、ギリシャの時間観についての先のクルマンの記述は、むしろ仏教の場合にこそより明確にあてはまるものと思われる。

そもそも輪廻転生という思想そのものは、ヒンズー教など、仏教以前の古代インド思想においてすでに形成されていたものである。この間の事情について、仏教学者の雲井昭善氏は、「人間の一生が有限である、という自覚は、『死』という不可避の現実によって現世と断絶することは否定できないとしても、それでもって、死者と生者との断絶を意味するものではないとする思考が、古代人に共通したもののようである」と前置きしたうえで、このような未分化の他界観念の中から、現世における行為が来世に報償されるという思想が育っていった、と述べている（仏教に先立つこと四、五世紀以前の『ブラーフマナ』時代）。

そしてこれが輪廻思想と結びついて、この世における行為と来世における果報との因果関係が問われてきたのが『ウパニシャッド』時代である。つまり、「業」すなわち因果応報の考えと、輪廻思想の二つが結合したものが古代インドに定着する（雲井昭善「ゴータマ・ブッダの死生観」、水谷幸正編『仏教とターミナル・ケア』）。ここで、輪廻転生という、それ自体は「事実」認識に関する世界観と、「業」ないし因果応報という「価値」や人間の罪に関わる認識とが、表裏となって結びついていることも確認しておこう。

いずれにしても、このような土壌の中で、紀元前五、六世紀に生まれたのが仏教であった。仏教はこうした古代インド思想の世界観から出発しながら、また、先に「存在の負価性」ということでふれた、「一切皆苦」といった現世に対する負の意識の徹底を通じて、輪廻転生からの離脱ないし解放としての解脱や悟りを志向することになる。

その結果生まれるのは次のような世界観である。「苦」に満ち、また（その苦さえも含めて）実のところ仮構（フィクション）に過ぎない現世＝現象世界。その連続としての輪廻転生と、そこからの離脱と解放。そこで到達する世界の真相あるいは永遠の生命（＝宇宙の根源との一体化）。――このような構図が、仏教の基本的なモチーフとなっている。

†キリスト教の時間と仏教の時間

既に議論が錯綜してきたのでここまでの歩みを整理してみよう。

「宗教のふたつの本質」ということを確認した上で、「直線と円環」という時間観のテーマに入り、そこでキリスト教、ギリシャ、日本、仏教という順にその時間観やそれと不可分の関係にある自然観、死生観といったものを概観してきた。そして、このうち「存在の負価性」というモチーフを強くもち、その限りで先に確認した「宗教」というものに該当するのはキリスト教と仏教であり、反対に、ギリシャや日本の場合には、現世ないし現象世界に対する肯定性や自然親和性が強く、すなわち「存在の負価性」というモチーフをさほど持ち合わせていないことを見てきた。

ということは逆に言えば、人が何らかの意味でこの世界に対して深い疑問や「負」の意識をもったとき、それは典型的にはふたつの形態をとる。それは、時間観ということにそくして見れば、「直線的な時間」(キリスト教の場合)及び「円環的な時間」(仏教の場合)ということをそれぞれ出発点としながら、**そうした時間から何らかのかたちで超え出ていくこと**が目指される、ということである。

しかも、その場合の「時間を超え出ていくこと」とはすなわち「超・時間性」ということであり、これは「永遠」ということと重なってくる。つまり、この世界――私たちが「時間」のなかを生きている世界――の否定性から出発して、それを何らかのかたちで超え出ていき、「永遠」へと至る、ということが、これら宗教の共通したモチーフとなっている。これに、他でもなく、先に宗教の二つの特質の第一として指摘した、「永遠への志向」ということそのものである。「**存在の負価性**」と「**永遠への志向**」という**二つのことは、このように直接に連動している。**

つまり、キリスト教と仏教とを対比した場合、いずれも現世に対する負の意識及びそこからの脱却という点では共通しているのだが、その方法ないし「ベクトルの向き方」が、対照的に異なっているのである。個人の生死ということにそくして、そのエッセンスのみを簡潔に言えば、前者(キリスト教)は、直線的な時間観をベースとしながら、

死……→復活……→永遠（の生命）

という構図をとる。〝私はいったん死ぬけれども、世の終わり＝歴史の終末において再び蘇り、永遠の生命と至福を得る〟ということである。

これに対し、後者（仏教）は、円環的な時間観をベースとしながら、

輪廻……→解脱……→永遠（の生命）

という構図をとる。〝苦の連続である輪廻転生の流れから抜け出し、宇宙の大きな生命と一体となることで、永遠の生命そして平安を得る〟ということである。

言い換えれば、**キリスト教の場合、目指されるべきゴール（＝救済）は、直線的なこの歴史の果てにある終極点——時間軸上の未来のある一点——の先に位置している。**そこから先は、もはや時間を超え出た「永遠」である。これに対し、**仏教の場合は、目指されるべきゴール（＝解脱）は、回帰する時間の流れそのものから抜け出て、存在ないし宇宙的生命そのものへと一体化することである。**それはまた別の意味で時間を超え出た「永遠」である。

本書のプロローグで、
〝時間軸上に永遠を位置づける〟……キリスト教
〝時間に対して永遠を優位に置く〟……仏教
という言い方をしたが、このテーマに私たちはここで再び戻ってきたことになる。
では、そもそもなぜこのような違いが生じるのだろうか。あるいはこうした違いは、一体何を意味していることになるのだろうか。また、これらのうち、いずれかが正しく、いずれかが間違っている、ということは言えるのだろうか。

3　キリスト教の時間と仏教の時間

†キリスト教と仏教

いま論じているような「時間」についてのとらえ方は、自然観や人間観、死生観等々といったことがらと密接に関連し合っている。したがって、ここで述べているキリスト教と仏教の時間観ということについても、「時間」に関する部分だけを切り離して考えることは困難である。そこで、時間ということを基本的な関心としながらも、もう少し広い視点

図8　キリスト教と仏教の比較　——時間観を出発点として

		キリスト教	仏　教
A（事実）	時間観	直線的 ↑ 終末論	円環的 ↑ 輪廻転生
B（価値）	罪や苦に対する理解	審判　（→愛と赦し） ↑ 自由意思	応報（→慈悲と赦し） ↑ 業（カルマ）
C（基本的志向）	世界への態度	超越 （外側につきぬける）	内在 （内側につきぬける）
	（超越的な神）	存在する （父性的）	存在しない （母性的）
	共通点	現象世界への負の意識（存在の負価性） →「永遠」（超・時間性）への志向 →（イエスの愛や仏の慈悲を通じた）「生」の価値の再付与	

から、キリスト教と仏教の比較ということをここで考えてみよう。

図8は、以上のような問題意識を踏まえながら、私なりにキリスト教と仏教の基本的な世界観をごく簡潔にまとめてみたものである。このうち、「時間観」の部分、つまり「直線的／終末論」（キリスト教）と「円環的／輪廻転生」（仏教）ということとは既にこれまで述べてきた。

こうした時間観は、それ自体としては「事実」認識に関するものであるが、他方、より「価値」に直結する場面での両者の違いもまた顕著である。それがBに示した「罪や苦に対する理解」である。

ここで「罪や苦」と一口に記しているが、もちろんこの両者は（マイナスの価値という点では共通しているものの）異質のものである。ここで、議論の糸口として非常にラフな言い方をすることを許していただくと、キリスト教はより「罪」（というコンセプト）を基本にすえ、仏教はより「苦」のほうにアクセントを置いている、ということが可能であろう。後者は、すでに述べてきたような、「生老病死」に象徴される、「一切皆苦」といった認識に端的に示されているものである。他方、キリスト教（あるいはユダヤ・キリスト教）の核心にあるのが、人間の原罪と堕落という思想であることは言うまでもない。この点について、ウェーバーは、既に何度か言及してきた「苦難の神義論」との関係で、「一切の被造物の堕落そのもの……が、苦難や不公正の理由として説かれ」た、という表現をしている（『宗教社会学論選』）。

さらに、図8に示しているような、「自由意思→審判」（キリスト教の場合）、「業→応報」（仏教の場合）という対比は、それぞれに先行したユダヤ教、ヒンズー教のなかにすでに含まれていたものである。むしろ、こうした文脈でのキリスト教と仏教の「本質」は、そのような非常に厳罰主義的かつ現世否定的な色彩を多分にもっていた先行宗教ないし思想をある意味で逆転させ、それぞれイエス・キリスト、ブッダという（絶対者と人間とを橋渡しする）メッセンジャーを通じて、「愛と赦し」、「慈悲と赦し」という、よりポジティブな価値を見出したことにあると言える（この点は後に立ち返りたい）。

†罪と苦

さて、いずれにしても「キリスト教＝罪、仏教＝苦」というような対比は、繰り返すようにきわめてラフな言い方であり、実際には、おのおのが一定のかたちで「罪」も「苦」も問題にしている。また、それぞれの中のいわば宗派によってもアクセントの置き方に相当な違いがある。たとえば、発想や人間観、世界観等がキリスト教にきわめて近いということがよく指摘されてきたいわゆる浄土系の仏教の場合、親鸞の著作などに見られるように、人間の罪や堕落ということがきわめて強調されている。

このような主題に関して、遠藤周作氏の次のような発言は非常に多くの示唆を含んでいるように思われる。同氏は、「私はなぜ仏教よりキリスト教に心ひかれるか」という一節のなかで、「罪の考え方の違い」ということを挙げる。氏によれば、「日本人の道徳観念で『ツミ』のイメージというのは、キリスト教の言う罪ではなく、穢れか、人生を生きる上での苦しみのことだと思います」と述べる。そして、「仏教には全く暗い私ですけれども、日本の仏教が求めていることはアイデンティティーつまり、結局自分と自己との関係だと思います」とした上で、「自己探究の仏教の場合、罪とは必ずしもキリスト教の罪ではなく、個人の生きていく上での苦を第一にしているような気がしてなりません」と述べている。さらに、仏教のほうは「人と人との交わりによって起こる罪には、それほど重点がかかっていないというような気が、私にはするのです」としている（『私にとって神とは』）。

以上は部分的な抜粋であり、また細部については様々な異論がありうると思われる（たとえば浄土系の仏教は遠藤氏の指摘とは全然違うのではないか、等々）が、遠藤氏の以上のような指摘は、キリスト教と仏教のある局面での違いをよく表していると私には思える。

では結局、この「罪」と「苦」という対比は何を物語っているのだろうか。明らかに、先にも再度言及したウェーバーの「苦難の神義論」は、この両者をともに包含するものである。つまり、出発点にある認識は、要するに、この世の中では、様々な苦難や不公正や不条理が多くある、ということであり、この点では両者（キリスト教と仏教）の認識は共通している。ではなぜそうなのか、についての合理的な説明の体系として、非常に単純化して言えば、前者（キリスト教）のほうは〝人間が原初において根本的な罪を犯したからだ（それに対する罰として様々な苦難や不公正があるのだ）〟とし、後者（仏教）のほうは〝前世に様々な悪いことをしたのが巡ってきているのだ〟という「応報」的な理解をする。

ちなみに、仏教・キリスト教いずれの場合にも、人間の欲望や行為といったものは、根本から「相対化」されることになる。けれども、その場合の角度はまったく異なっている。

前者（仏教）の場合には、いわば〝欲望以前の「ゼロ・ポイント」〟からそれらがとらえ返されるから、人間の欲望それ自体のはかなさ、空しさということが（「煩悩」や「執着」として）明るみに出される。逆に後者（キリスト教）の場合には、むしろいわば絶対的な規範――仏教の場合の〝欲望以前〟というより、欲望を踏まえた上で存在する規範――の側から人間の欲望や行為がとらえ返されるから、それらの存在そのものの空しさが強調されるというよりも、むしろ完全な規範の遂行者となりえない人間の愚かさや堕落が明るみに出される。おそらく、先に述べた、「罪や苦に対する理解」についての仏教とキリスト教の基本的な違い、つまり前者が業（カルマ）や因果ということから人間の「苦」を強調し、後者（キリスト教）が人間の原初における堕落と「罪」を世界観の根底にすえるという違いは、こうしたところに根拠をもつのではないだろうか。では、そもそもなぜこうした点についてのキリスト教と仏教との違いが生じるのだろうか。おそらく、図8の中でAやBとして示した、「時間観」の違いや「罪や苦に対する理解」の違いは、それ自体がまず初めに来るのではなく、より根本にある「世界に対する態度」とでも呼ぶべきものの違いから、結果として帰結するものなのではないだろうか。

†根底にある相違は何か

そうした両者の根底にある相違とは何か。これは、表現することが非常に難しいが、あえて一言で述べるとすれば、両者とも、すでに述べてきた「存在の負価性」というところから出発しながら、

キリスト教……現象世界を「超越」の方向につきぬける
（↓超越的な視点からの世界の把握）

仏教　　……現象世界を「内在」の方向につきぬける
（↓宇宙的生命との一体化）

という、異なったベクトルに向かうものである、ということができると思われる。

あらためて言うまでもなく、人間は、もともと「内在」と「超越」というふたつの志向をもった存在である。つまり人間は、一方において、それをとりまく世界に身を委ね、世界そのものを享受しそれと一体的なものとして存在する、というベクトル（内在性）と、他方において、自らをとりかこむ世界から抜け出し、世界をいわば一歩外側から認識して対象化し、そのことを通じて世界をコントロールする、というベクトル（超越性）の両方をもった存在である。

人間から見ると、自然や他の生き物は、前者のベクトル（内在性）だけで尽きているように見える。たとえば樹木や、動物たちは、自然ないし世界そのものと一体であって、その中に完全に内在化していて、世界を外側から認識したり意思的にコントロールしたりしているようには見えない。この限りにおいて、人間は他の生物や自然に対して、一定の「超越」性をもった存在である。

しかし同時に、人間は完全に自らの欲望をコントロールしたり、世界の姿を一〇〇パーセント認識したりすることもできないのであり、つまり（神のように）絶対的な「超越」の地点に立てる存在でもない。あるいはそもそも、「世界と一体化し、それに身をまかせて享受する」ということは、たとえば母親とほとんど一体的な存在として、世界のすべてを生き生きとした生命感とともに体験している赤ん坊の世界を想起してもわかるように、人間が生をもってこの世界を生きていく、その基本的な価値の源泉でもあるわけで、決して否定的にとらえられるべきものではない。〝内在しつつ、超越する〟というのが人間の姿である。

このことを踏まえた上で、これらのうち、「**内在**」というベクトルを徹底し、その方向でこの世界――私たちが生きている現象世界――をつきぬけようとするのが仏教であり、反対に、「**超越**」というベクトルを徹底し、その方向で現象世界をつきぬけようとするのがキリスト教である、ということが言えるのではないだろうか。

この場合、「内在の方向につきぬける」(仏教の場合)というのは、私たちが生きている刻々変わりゆく現象の世界の根底にある、宇宙の根源あるいは根源的な生命とでも呼ぶべきものとの一体化を目ざし、またそれとのつながりを回復する、というような意味である。

他方、「超越の方向につきぬける」(キリスト教の場合)というのは、まったく逆に、私たちが生きている現象世界を、ちょうどより高い山に登れば登るほどより広い世界の鳥瞰が得られるように、それを極限まで登りぬいた絶対的な視点から眺め返し、律する、というような意味である。

そして、ここで最終的に重要なのは、そのようにつきぬけていった先に、それぞれは、別のかたちで、現象世界を超えた「新しい価値」やよりどころをそこで見出し、その新しい〝光〟でもって再び私たちが生きている現象世界に価値――より深く裏打ちされた価値――を再び発見し、生に対する根源的な希望を見出す、ということである。

†時間との関わり

こうした「内在」と「超越」ということは、人間が「時間」のなかを生きる存在であるということとそのまま重なっている。

すなわち、まったく世界や自然に「内在」して生きていると見える、人間以外の動物たちは、時間ということにそくして言えば、ほぼ「現在」のみの世界、その限りにおいていわば時間以前の世界を生きている。人間は、そうした世界から部分的とは言え「超越」し、世界を外側から対象化し、そのことを通じて世界をコントロールすることが可能な生き物である。そしてその実質は、欲求の即座の充足をいったん控えて、いわば現在に対して少し距離を置き、世界を「目的―手段」という構造のもとに把握し、より安定した生存を獲得する、ということに他ならない(〈時間性〉)。つまり、このような意味での「時間」をもった世界を生きる、ということが、他の生物とは異なる人間の特質である。しかし、とはいえ人間はあくまで最後は欲求の現在充足性へと帰っていくのであり、現在あるいは時間から飛翔し切るということはない。こうしたことに、〝内在しつつ、超越する〟という人間の本性が示されている。

ところで先ほどキリスト教は現象世界を「超越」の方向につきぬけることを志向し、これに対し仏教はそれを「内在」の方向につきぬけることをめざす、ということを述べたが、これらと「時間」との関係はどうか。

非常に単純な言い方が許されるとするならば、**仏教が志向するのは、いわば〝時間が生まれる以前の世界〟であり、キリスト教が志向しているのは、〝時間を前提としつつ、それを超え**

出た世界〟である、という対比ができると思われる。

このうち仏教については、仏教は「内在」の方向をつきぬけていくベクトルをめざすから、当然のことながら、私たちの生きている現象世界、つまり「時間」によって秩序づけられた世界は、ひとつの仮構（フィクション）あるいは派生的な現象として退けられる。そうすると、より根源的な「現在」の世界——ある意味で、赤ん坊や動物が生きているような、世界との直接的な接触や生の欲求に委ねられた世界——が開ける（〈原・現在性〉）が、仏教はさらにこうした次元もつきぬけていき、いわばそうした「現在」すらも生まれる前の場所を志向する（それが一体どのような場所なのかは次節で考えていこう）。

他方、キリスト教の場合には、目指されるのは「超越」の方向であるので、仏教の場合のように「時間」ないし時間性ということが虚妄として退けられる、ということはない。むしろ人間の、あるいは世界の時間的性格ひいては「歴史性」ということは積極的に強調される。先ほど、人間という生き物の特質は、世界を「目的―手段」の構造において生きることである、と述べたが、この構造が、もっとも超越的な視点のもとで、人間の歴史あるいは宇宙の歴史全体に及ぼされるのである。宇宙の歴史は神の意志の実現という「目的」に向けた巨大な物語、ドラマとなる。

以上ごく大まかにまとめたように、キリスト教と仏教では、その「時間」をみる角度は根本的に違っている。しかし、さらによく見てみると、両者は実はある共通のものを見ているのではないか、とも思えてくる。それは端的に言えば「時間を超えた存在」ということであり、**一方（仏教）はそれを「仮象としての時間」〝以前〟のもの、いわば時間の根底へと向かうことで、他方（キリスト教）は、時間という存在を認めつつ、いわば時間の境界のその果てにあるものを志向することで、つかもうとしているの**である。

それは、「時間を超えたもの」としての「永遠」を、別の方向から見出そうとしている試みであるように映る。

では、両者がそれぞれ見出そうとしている「永遠」は、同じものなのだろうか。そもそも時間と永遠とはどういう関係にたつものなのか。そして永遠とは何か。

†「メッセンジャー」としてのイエスとブッダ

この問いに答えていく前に、もうひとつ確認しておきたい点がある。それは、イエスとブッダという存在の意味である。

今見たように、キリスト教がめざすのは「超越の極」ともいえる方向であり、そこには絶対的な存在者としての神＝Godがいる。他方、仏教がめざすのは「内在の極」とも呼ぶべき方向であり、それは「宇宙の根源的生命」ともいえるようなものである（小林道憲

図9　「メッセンジャー」としてのイエスとブッダ

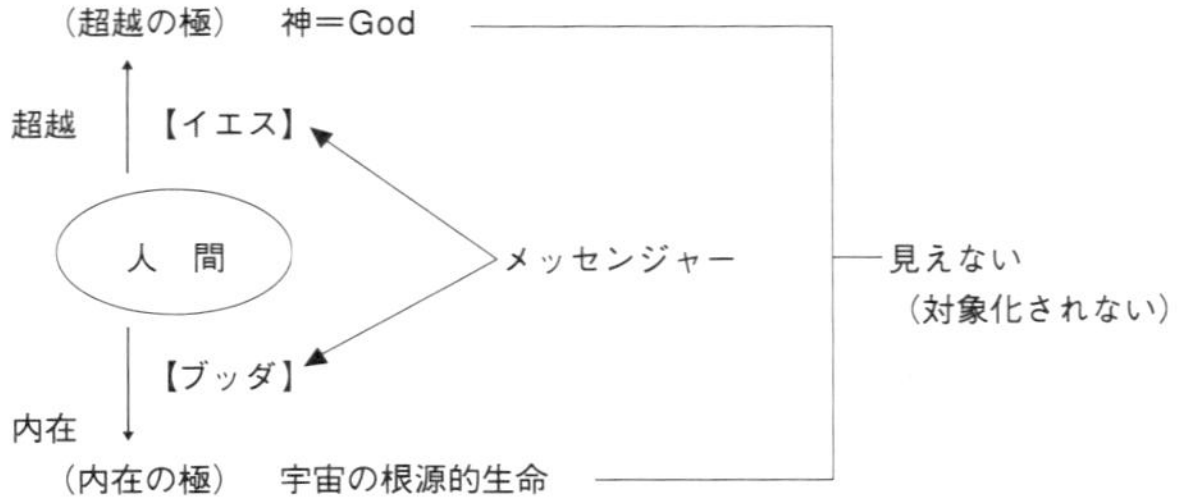

『宗教をどう生きるか』)。私たちが生きる現象世界の背後ないし根底にはこうした存在があり、現象世界はこれらによって支えられ、価値を与えられている。

　同時に、この両者（神、宇宙の根源的生命）に共通しているのは、そのいずれもが、人間が直接にそれ自体を対象化することができない存在、ということである。神について見れば、それはまさに世界をすべて超越した絶対的な地点に存在するのであるから、それを直接に感知したり、対象化したりすることはできない。他方、仏教の場合の宇宙の根源的生命についても、それは文字通り宇宙あるいは世界の根源にあるもので、（「悟り」の経験を通じてそれと一体化する、ということは志向されるにしても）それを日常生活の中で何か対象物として見ることができる、という性格のものではない。非常に卑俗な言い方をすれば、**「神」も「宇宙の根源的生命」も、それ自体としては〝つかみどころのない〟性格をもった存在**である。

そこで、いわばそうした絶対的な存在と人間を結びつける、あるいは仲介する、メッセンジャーのような存在が求められる。言うまでもなく、キリスト教におけるイエス、仏教におけるブッダ（ゴータマ・シッダルタ）である。後者について言えば、ブッダとは本来サンスクリット語で真理に目覚めた人をさす一般名詞であった。ゴータマ・シッダルタは固有名詞で、ゴータマは氏、シッダルタは幼名である（ちなみに「釈迦」とは彼の生まれた国（釈迦国）の名であるが、彼自身をさして呼ばれることもある）。ゴータマ・シッダルタが三五歳のときに究極の真理に目覚め、上記の「ブッダ」となった、というのが基本ストーリーであり、やがて「ブッダ」は仏教固有の意味をもった語として使われることになる。

いま述べていることを非常に単純化して示したのが図9である。この場合、もうひとつ重要なのは、ここでのイエスやブッダは、メッセンジャーであるとともに、非常に「人格的な（あるいは文字通りの意味で〝人間的〟な）」存在である、という点である。イエスは「神の子」であり、その意味については神学内部でさまざまな議論があるにしても、私たちと等身大の人間の姿をしていることには変わりない。ブッダもまたそうである。むしろそうであるからこそ、私たちと絶対的な存在とを結ぶ仲介者、メッセンジャーとしての役割をもちうるのだし、私たち人間がそれに対して愛着や帰依といった「人間的な」感情を向けうる存在となるのである。

遠藤周作氏が、イエスについて、「人生の同伴者」という表現を用いて表そうとしているのは、まさにこうしたことと関わっていると思われる。『死海のほとり』や『イエスの生涯』といった作品群の中で、遠藤氏が描こうとしたのが、人が苦難に満ちた人生を送るその途上において、ある意味で無力きわまりないけれども、その人の傍に寄り添い、支えようとする存在としてのイエス像であった。

……あなたは無力で、無力であったからナザレで追われ、ガリラヤの村々からも追われ、無力だったから、エルサレムで人々に罵られながら捕えられ、無力なくせに自分の体から絞りだした苦痛の脂で、たくさんの人間の悲しみを洗おうと考えられた。そして、死のまぎわ、いつもお前のそばにわたしがいると呟かれた。……（中略）……そしてあなたは尿をたれて引きずられていくねずみ（引用者注：登場人物の名前）のそばで、御自身も尿をたれながら従いていかれ、最後は自分の運命に似たものを私のねずみにもお与えになったのか。それを認めるのはつらいが、それは、私があなたの復活の意味をほんの少しだけでも考えだしたからなのでしょうか。（『死海のほとり』）

このようなイエスというメッセンジャーの存在は、神と人間とを結びつける存在であると同時に、別の側面から見れば、「永遠」と私たちの生きる「いま」とを結びつける存在でもある。キリスト教的な文脈で言えば、（神の）永遠の愛というものが、イエスという存在を通じて、一瞬一瞬の「いま」において私たちの中に与えられるのであり、逆に言えば、私たちはそれによって現在の中に「永遠」とふれあう何かを体験するのである。

もちろん、こうした構図や発想はキリスト教に限られたものではなく、仏教においても共通している。『人生の同伴者』と題された対談の中で、文学研究者の佐藤泰正氏が、いま述べた遠藤周作氏の場合の「同伴者イエス」のイメージを、四国のお遍路さん——そこでは、見えない弘法大師（悟りに到達した存在という意味での「ブッダ」）と「同行二人」で一緒に巡礼地をめぐって行くことになる——になぞらえ、遠藤氏もそれに共感しているように、絶対的な存在と私たち人間を仲介するメッセンジャーあるいは同伴者という発想はキリスト教も仏教も共通しているし、実質的にも、それは「永遠の生命」または「永遠の価値」と私たちをつなげるもの、という意味において同じ内容を備えているのである。

†ケアとの関係

本書のここでのテーマから若干逸脱する面があるが、以上述べたことは、人間にとって重要な「ケア」ということとも重ねてとらえることができる。

いうまでもなく人間は社会的な生き物であり、他者との様々な関わりの中で自分の存在を確認していく存在である。ケアとは本来「気遣い、配慮、世話」といった意味をもつ言葉で、情緒的な面を含めた他者との関わりを広く含む概念であるが、このように考えていくと、人間とは「ケアする動物」である、という理解が可能になってくる（拙著『ケアを問いなおす』参照）。より詳しく言えば、こうしたケアの関係は、社会性が大きく発達した哺乳類に既に現れているものであるが――「哺乳」という言葉がよく示しているように、そこでは母親との関係が「ケア」の原型となっている――、そうしたケアの関係が個体の成長（情緒的な面のみならず学習あるいは認知的な側面を含む）にとって全面的に大きな役割をはたすようになるのが人間という生き物においてである。

いずれにしても、このように人間は「ケアへの欲求」をもっており、その中には「ケアされたい欲求」というものが含まれる。ケアされたい欲求というのは、いいかえると、自分という存在を誰かに認めてもらいたい、あるいは自分という存在を肯定され受け容れてもらいたい、という欲求といってよいものであろう。そして人間の場合、そのように自分という存在がしっかりと「ケア」され肯定されているという基本的な感覚があってこそ、自分がいま生きている「この世界」自体がプラスの価値をもって立ち現れ、生への肯定感が強固なものとなる。

しかし、とはいっても、人間と人間の関係というものは突き詰めれば「永続的」なものではないし、自分をケアしてくれる人や、あるいは自分がケアした人も、必ずいつかはこの世から去っていく。一方、上記のような人間の本性（ケアへの根源的な欲求）からすれば、人間は「どのようなことがあっても自分はケアされている、という絶対的な確信」といったものを得たいという深い欲求をもっている。

先ほどメッセンジャーとしての、あるいは「同伴者」としてのイエスとブッダということを述べたが、仏教やキリスト教といった高次宗教は、まさに人間のこうした根源的な欲求に応えるものなのではないだろうか。つまりイエスやブッダといった存在は、上に述べたような「どんなことがあっても自分の存在を肯定し受容してくれる」ような存在なのであり、それは「**絶対的なケアラー**」とでも呼べるものと思えるのである（「ケアラー」とは「ケアする者」の意）。

たとえば「マタイ福音書」の一節に次のような（イエスの）言葉がある。

「すべて重荷を負うて苦労している者は
わたしのもとにきなさい
あなたがたを休ませてあげよう」

「あなたがたを休ませてあげよう」というのはそのまま「ケア」ということそのものではないだろうか。ここでイエスはまさに「絶対的なケアラー」であり、それによって個人は自分の存在をそのままのかたちで肯定され、また、それが「この（苦しいことの多い）世界」そのものの肯定につながるのである。キリスト教にそくして述べたが、先ほどお遍路さんの話にふれたように、仏教も（特に浄土系の仏教の場合）基本的な構造は同じと筆者は考えている。

こうして、「ケア」という関係を通じて、永遠なものと「いま・ここ」にいる私がつながる。あるいは、根源的なマイナス性を帯びているように思えたこの世界の、そのマイナス性が反転し、もう一度絶対的なプラスの価値が付与される。こうした点に、これら高次宗教の中心的な意味があるように思えるのである。

4 「永遠」の意味

†ふたつの「永遠」

前節で確認したようなキリスト教の時間観を、ある意味で徹底したかたちで追求しているのが、先にもふれたプロテスタント神学者クルマンの著作『キリストと時』である。ここで、キリスト教の時間観を、いわばその純化された姿において理解するためにも、ここで少しクルマンの考えの展開を、本書の問題意識にそくする限りで見てみよう。

クルマンはまず、『新約聖書』において重要な意味をもって使われている、「アイオーン」という時間に関する言葉に注目する。

新約聖書における、アイオーンの非常に多様な用い方は、原始キリスト教における時間の考えを理解する上に、きわめて示唆にとんでいる。すなわち、この同一の言葉が、一方でははっきりと限られた時の長さを表わすと同時に、他方では限界のない、測定できない長さをも示すために用いられていることが、ここで明らかにされている。

そして後者を我々は、「永遠」という言葉で訳す。

このようにして、「アイオーン＝永遠」という主題が、キリスト教の時間観に関するクルマンの議論の核心のひとつとして提出される。そして、このように述べたすぐ後で、クルマンは彼の議論全体のもっとも本質的な論点となる、次のようなことに言及する。

そして既にここにおいて断言すべきことは、この語法からすれば、永遠はプラトン的、または現代の哲学的な意味に解釈されてはならないということである。後者の解釈においては永遠が時間に対する対立を形づくるが、我々の語法では逆に、無限の時として解されねばならぬ。……それにしても永遠が複数形であらわされうるという事実は、永遠が時間の終結、無時間ではなくて、無限の、したがって人間の頭脳では理解できない時間の進展を意味するものであることを証拠だてる。

……かくて、新約的地盤において対立するものは、時と永遠ではなくて、限られた時と、境のない無限の時とである。しかし新約聖書がこの限界のない時について語るときにも、その完全に時間的な考えは放棄されたのではない。後者は時間としては前者と何ら異ならない。（同書）

やや難解な表現かもしれないが、その趣旨は次のようなことである。クルマンがキリスト教における「アイオーン＝永遠」について述べるとき、一貫して対比させ、かつ退けるのは、彼が「プラトン的」または別の文脈では「ギリシャ的」と呼ぶような「永遠」の概念である。そして、こうした理解のうえに、先にも引用したような、クルマンの行う「キリスト教＝直線的な時間観、ギリシャ＝円環的な時間観」という対比も位置づけられていく。

では、ここでのプラトン的ないしギリシャ的な「永遠」とはいったい何だろうか。基本的には、それは（私たちが生きる現象世界の底にある）「永遠の質料（世界の素材）」といった意味のものであり、つまり時間の中で刻々と移り変わっていく現象の、その根底にあるような――ちょうど、刻々変わる海の表面の水の流れに対し、じっと動かない底流のような――、時間を超えたある何ものかについて言われるときの「永遠」である。それは確かに「超・時間性」つまり時間を超え出ている、という意味では「時間」に対立する概念とも言える。こうした点に関し、もう少しクルマン自身の言葉を聞いてみよう。

ギリシャ的な時間観と聖書的なそれとの間に明らかにされた対立は、時と永遠との関係の規定において、特に明瞭に現れてくる。……ギリシャの考えにとっては、時と永遠との間に、時間の継続の有限及び無限という観点をもってしては十分に表現しつくし得ない、質的な差別が存在する。プラトンにとって、永遠とは、無限のうちへと延長された時間のようなものではなくて、ある全く他のものである。それは無時間である。

原始キリスト教において、永遠は無限のうちにむかって延長された時間としてのみ考えられるものである。(同書)

このように、端的に言えば、

ギリシャにおける「永遠」……時間そのものを超えた何ものか(無・時間性ないし超・時間性)

キリスト教における「永遠」……無限に継続する時間、「境のない無限の時」

という対比が、クルマンの理解ということになる。

このような議論をしていると、読者の方は、実は本書の「プロローグ」からこのテーマは既に登場していたことを想起されるかと思われる。すなわち、「世界（宇宙）の始まりの前の〝永遠〟と、世界の終わりの後の〝永遠〟、この二つは異なるものか同じものか」という問いである。この点はまた、先に「キリスト教と仏教の時間観」のところでもふれた、「時間軸上に永遠を位置づけるか、それとも、時間に対して永遠を優位に置くか」という分岐ともぴったり重なっている。

案の定、というべきか、この問いに対するクルマンの答えは明快である。つまり、もちろん「世界（宇宙）の始まりの前の〝永遠〟と、世界の終わりの後の〝永遠〟」とは「異なる」のである。クルマンは「新約が知っているアイオーンの数は、二つだけではなくて、少なくとも三つである」とした上で、

（1）（宇宙）創造以前のアイオーン

（2）創造と終末の間に存在する（「現在の」）アイオーン

（3）終末の出来事の場となる「来たりつつあるアイオーン」

という三つを区別する。その上で、いま私たちが問題としている点について、「第一のものと第三のものは、決して一緒にはならない」とはっきりと述べる。そして、

そのすべては、直線的に継続していく時間の枠の中においてのみ行われうるのであ

って、時と無時間的永遠の二元論の枠においてではない。

と結論づける――キリスト教の原理的な発想に忠実であろうとするクルマンは、まさに、「時間軸上に永遠を位置づける」という考えをとっているのである。

(＊) ここでの話題から多少離れるので若干ふれるだけにとどめるが、クルマンの著作でもうひとつ大きな柱をなす論点は、『旧約聖書』ないしユダヤ教における時間観と、『新約聖書』ないしキリスト教の時間観との違いは何か、という点である。両者は同じく直線的ないし終末論的な時間観という点では共通している。しかし(クルマンの理解では)両者が決定的に異なるのは、歴史あるいは「時間の線全体」の「中心」をどこに置くか、という点に関してである。ユダヤ教にとっては、そうした中心は、まさに終末の時点そのもの――未来のある一点――にある。しかしキリスト教にとってそれは、他でもなく、イエスが復活した時点、つまり、イエスの死と復活ということを通じて、人間の罪が贖われたその時点にある。

そして彼は「(イエスの)復活の確信が第一のことであって、終末の待望がそれではない」としている。救済は、ユダヤ教のように、終末の時すなわち未来への希望として単に存在するのではなくて、そのことはイエス・キリストの復活(を通じた人間の罪の贖い)によって、既に到来している、ということである。

そして、実はこのことは、私たちが日常使っている、あの「西暦（キリスト教暦）」と直結することになる。すなわち、キリスト教暦は、ある意味では奇妙なことに、全歴史を中心のある一点で区分し、それ以前については過去に遡るかたちで年をカウントし、後については前進するかたちでカウントする、という、いわば「中心から前後に広がる」構造をもっている。通常なら、創造の時点（宇宙の始まりの時）を「ゼロ年」として、ただ前進するカウントの仕方をするはずではないか。ここに新約ないしキリスト教独自の歴史観が反映されている、というのがクルマンの主張である。

†時間と永遠の関係

しかし以上見てきたことは、キリスト教の時間観についての、ひとつの理解ないし解釈である。このようなテーマに関する、いわゆるキリスト教神学内部の議論に深入りすることは、本書の範囲を既に超えるものであり、かつ筆者にはその能力もないが、全体として見ると、こうしたクルマンのような考えは、いわばキリスト教の（直線的な）時間観のもっとも徹底した主張の姿であり、ひとつの極限をなすような考え方と言えるように思われる。

つまり、実はこうした（「時間」や「永遠」をめぐるテーマについては）キリスト教内部で

図10　時間についての車輪のたとえ

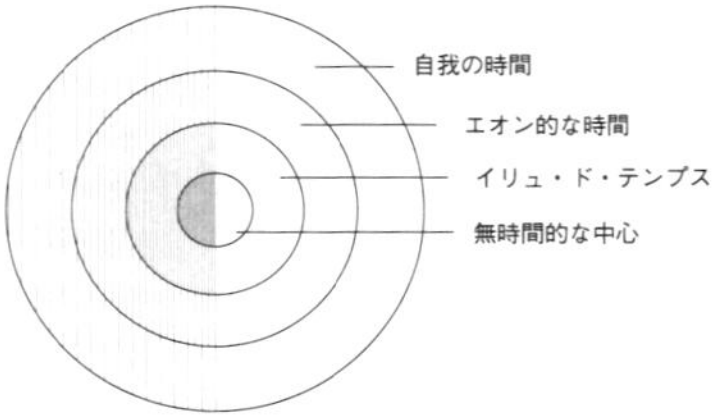

も様々なヴァリエーションや議論の揺れがあり、一義的に画定しているものとは必ずしも言えない。クルマンのような考えは、その中でのいわば〝最右翼〟――〝最左翼〟と言ってもよいだろうが――ともいうべきものである。

例えばクルマンは、今世紀のプロテスタント神学の代表的な神学者であるカール・バルトが著書『教理学』の中で〝永遠は時をすべての側より包んでいる〟という表現をしていることに対して、強い批判を行う。クルマンによれば、このような理解をしていると、それは「永遠が再び時と質的に異なったものとして把握される危険、したがって、バルトが教理学中で明らかに払拭しようと努めているプラトン的な無時間の永遠という考えが、再び執拗に迫ってくる危険が現れる」ことになる、と言う（『キリストと時』）。

正統なプロテスタント神学者といえるバルトでもこの

ような表現ないし理解を行うのだから、〝異端的〟とされるものまでを含めてキリスト教関係の流れや考えに目を向けると、さらに「時間」よりも「永遠」のほうにアクセントを置いた、ほとんどギリシャ的／仏教的ともいえる時間観ないし世界観が様々なかたちで現れてくる。

たとえばそうした（異端的とされる）流れのひとつの典型として、グノーシス主義ないしグノーシス派と呼ばれる、ギリシャの影響を受けたヘレニズム時代のキリスト教の流れがある。少し時代を現代に近づけると、心理学者のユングはこのグノーシス主義の影響を受けており、自らをバシリデスというグノーシス派の古代の学者になぞらえながら「死者への七つの語らい」という文章を書いたりしている。そして、同じユング派の心理学者であるマリー・ルイゼ・フォン・フランツが、その著書『時間』の最後の部分を次のようにまとめるとき、それはあたかも〝キリスト教文化圏に生まれた限りなく仏教的な時間観〟ともいえる内容となっているのである。

すなわち、フォン・フランツは図10のような車輪の比喩を用いながら、時間について次のように述べる。

> 時間を回転する車輪にたとえることもできよう。自我意識の中で、われわれが気がつ

いている日常の共通な時間は、輪の最も外側にあって、他のものより早く進むと思われる。その内側で次にくる輪はエオン的な時間（引用者注：無・時間的なイデアの世界と、変化し消滅する現実の世界との中間に存在する時間）であり、**時間は中心に近づくほど、より遅く進む**。このエオン的時間は、プラトンの年やアステカの時代または太陽の観念の中にあらわされるものであり、われわれの日常の時間に比べれば、無限に長く続く時間である。次の、そして最小の輪は、エリアーデのイリュ・ド・テンプス（引用者注：それ自体は時間の外にある、創造の瞬間）に代表されるが、これは時間と非時間の剃刀の刃のような境い目にあって、彼が言うように「創造の外側にある瞬間」をあらわす。それは言葉にならない永遠性とエオン的時間のはじまりとの、ちょうど真中にあって、後者は元型のゆっくりと動く生命である。そして**最後に、車輪のまわらない空虚な中心である穴があり、それは動きや時間の外にある永劫の沈黙である**。（マリー・ルイゼ・フォン・フランツ『時間』、秋山さと子訳、強調引用者）

フォン・フランツは、以上のような記述をおこなった後で、こうした発想、特に最後に出てくる車輪の（空虚な）中心＝永遠という理解について、それが中国の道（タオ）の思想や、エックハルトなど西欧中世の神秘主義とつながるものであることを述べている。いずれにしても、この車輪の比喩は、本書で考えてきた時間をめぐるテーマ、とりわけ本章で問題にしてきた「キリスト教の時間と仏教の時間」あるいは「時間と永遠」というテーマを考えるうえで、多くの示唆を含むものであるように思える。

†三つのモデル

ここまでの議論をまとめてみよう。これまでキリスト教と仏教の時間観を、特に「時間と永遠」との関係を中心に見てきたのだが、それらをごく図式化してまとめたのが図11である。

まず、キリスト教的な時間観は、図のA（**終末論的モデル**）のようなものとして示される。世界ないし宇宙には「始まりと終わり」があり、しかも、それは単に平板な始まりと終わりではなく、「絶対的な救済」、あるいは神の国の実現といった、この世界全体の「究極の目的」に向けた歩みである。このようにして、世界ないし宇宙の歴史は、明確な「意味」をもったものとして、理解される。言うならば、宇宙の歴史の全体が、ひとつのストーリーをもった「物語」となるのである。

言い換えればこのモデルは、人間の「未来志向性」、つまり人間が「目的―手段」という構造のなかで生を営む存在であることを、宇宙全体に拡張したもの、と言ってよいと思

図11　時間についての基本モデル

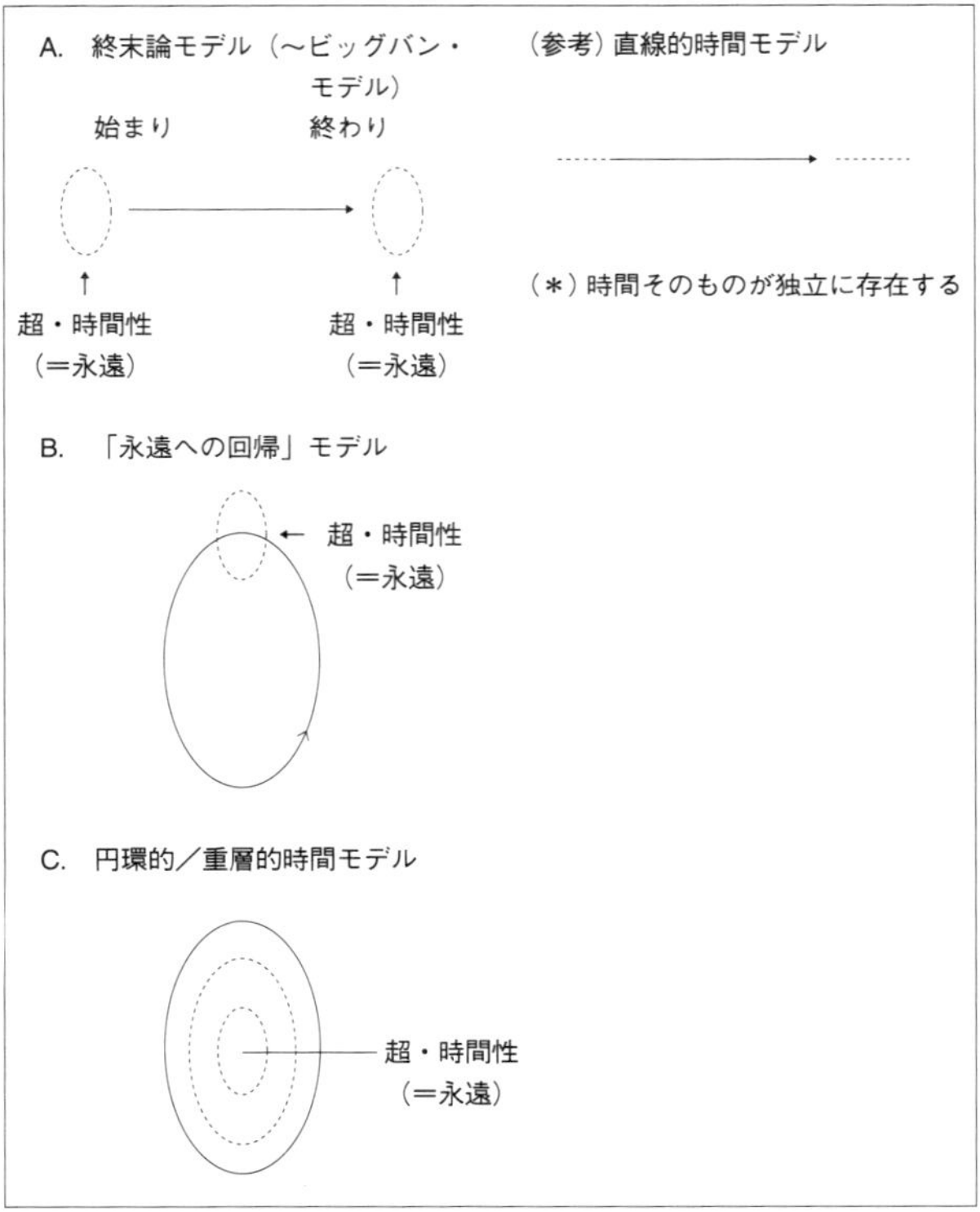

われる。それは、「希望する存在」であるという人間という生き物の特質を端的に表現するもの、と言うこともできる。

価値的な面からみると、この世界の究極的な「価値の源泉」は、いわば絶対的な救済あるいは歓喜の実現としての終末の時点にあることになり、それを〝光源〟として、（またイエスというメッセンジャーを通じて）「現在」あるいは「いま、ここの生」も、（それがどんなに苦難に満ちたものであれ）価値を得ることになる。先に、宗教というものは一般に「存在の負価性」（私たちの生の世界が基本的にマイナスの価値を帯びていること）とでも言うような認識を出発点にもっているということを述べたが、そうした負の価値をもったこの世界が、「未来からの光」によって、再び新しい価値を与えられるのである。

このようなキリスト教的な時間観と比べると、図11でAの隣に「参考」として示した近代的な時間観——直線的時間モデル——は次のような特徴をもっている。

①宇宙ないし世界に「始まり」や「終わり」はない

②（①とも関連するが）直線的な時間そのものが独立して存在する

③世界や宇宙（の歴史）はそれ自体として「意味」をもたない

同時にこれらは、私たち「現代人」の日常的な時間観ともほぼ重なっていると言えるだろう。しかしながら、プロローグや第一の旅でホーキングの議論などにそくして見たように、これらのうちの①や②（特に②）は、現代の宇宙論では再び否定されている。ニュートンの時代に考えられたように宇宙や世界は未来永劫変わらない存在ではなく、それ自体が歴史をもった、変化していくものである。かつ、時間はそうした宇宙や世界と離れて独立に存在するものではない。第一の旅でも引用した、ホーキングの「宇宙が始まる前に何が起きたかを問うことは、地球上で北緯九一度の点はどこかと問うようなものである」という言葉は、こうした時間観——時間の独立性の否定——をよく示している。だから、ある意味では奇妙なことに、現代の宇宙論が描く世界像や時間観は、神の存在そしてそれによって与えられる世界の「意味」や目的、という一点を除いては、Aの終末論モデルに再び接近しているのである。

ところで、本書の問題意識にとってより重要なのは、次の点、すなわちAの終末論モデルにおける「宇宙／世界の始まり」の〝前〟と「宇宙／世界の終わり」の〝後〟とは同じなのか、異なるのか、という点である。これは言うまでもなく、プロローグ以来、本書の中で繰り返し出てきた問いである。

「時間」が独立に存在するものではないとすれば、この問いに対する答えは、「同じ」という方向に大きく傾くであろう。なぜなら、その両者（「始まりの前」と「終わりの後」）にはいずれも時間の座標そのものが存在しないのだから、無・時間性または超・時間性（そしてこうした意味における「永遠」）というほかはなく、それ自身にそくして見るかぎり、まったく区別することができないからである。そうすると、Aのような時間観は、むしろ図のB（**「永遠への回帰」モデル**）のようなイメージで表されることになる。

先に見たように、クルマンのようなキリスト教神学者は、Bのような時間観には強く反対するだろうし、現に、「始まりの前のアイオーン（永遠）」と「終わりの後のアイオーン（永遠）」とは異なる、というスタンスを彼はとっていた。たしかに、「目的に向けての歴史の進行」という面を強調すれば、「始まりの前」と「終わりの後」が同じだという考えは、「出発点」と「ゴール」が同じだと言っていることになり、それはとんでもない、ということになるかもしれない。しかしここで問うているのはあくまで世界の始まりの〝前〟と終わりの〝後〟である。つまり、「時間の境界の、さらにその果てにあるもの」である。だとすれば、「時間（という座標軸）が独立に存在する」という考えをとらない以上、「始まりの前（の永遠）」と「終わりの後（の永遠）」を区別する根拠はなくなるのではないだろうか。言い換えれば、Bのような時間観をもつことと、キリスト教の信仰をもつことは、決して矛盾するものではないのではないだろうか。

そして、さらにもうひとつのジャンプがありうる。いま述べているような方向を徹底していくと、次第に「永遠（＝無・時間性、超・時間性）」のほうが、「時間」に対していわば優位に立つようになってくる。また、本書で示唆してきたように、あるいは第三の旅で述べたように、「時間は一元的なものではなく、時間には〝層〟がある」という考えをとると、「永遠」というのは、時間と別に存在するものではなくて、いまこうして流れている時間の一瞬一瞬の、いわば根底に常に存在しているもの——ちょうど、表面の速い水の流れの底の奥深くにある海流の層が、ほとんど動かないように、という比喩を本書の中で何度か使ってきたが——と考えることができる。そのような時間観のイメージを端的に示したのが図11のC（**円環的／重層的時間モデル**）である。これは、先にふれたユング派の心理学者フォン・フランツの〝車輪の比喩〟の時間像とそのまま重なっているものである。

（＊）ちなみに、こうした点に関して、仏教学者の鈴木大拙が仏教の時間観について次のように述べていることは大変興味深い。すなわち彼は「（浄土）真宗は時間を直線的に見んとする傾向をもつ。……それで浄土往生も死後ということになる。禅はこれに反して時間の円環性を固辞せんとする。それで何事も全面的にこの絶対の瞬間で埒あけんとする」と述べている（『日本的霊性』）。浄土真宗は、よく論じられるように、「苦難を通じての救済」というモチーフ等においてキリスト教的な志向を強くもっているが、そうした場合には、「未来」への希望という方向づけが強くなるから、自ずと直線的な時間観に親和的になる。このように、キリスト教内部でもその教えの強調点や内容に応じてヴァリエーションがあるのと同様に、仏教の中でも同じことが言えると思われる。

†永遠を見出す「場所」

以上のようにして、私たちはキリスト教的な時間観（Aの「終末論モデル」）から出発し、近代的な直線的時間のモデルを脇に見ながら、Bをへて最後に仏教的な時間観（Cの「円環的／重層的時間モデル」）にまで至った。では、この両者（AとC）の違いの本質はいったい何だろうか。言い換えれば、背後にあるどのような違いが、こうした時間観の違いを生むのだろうか。

私は、これはある意味で非常に単純な、しかし別の意味では人間にとってもっとも本質的な、「世界に対する態度」の違いから来るものだと思う。それは、人間のもつ、

（a）現在充足性
（b）未来志向性

というふたつの特質の、いずれにアクセントを置くか、という違いである。

（a）が一面において人間の本質であることは確かである。人生のどのような喜びや悲しみも、快や苦も、最終的には常に「現在」に帰ってくる。あらゆる価値の源泉が究極的には「現在（いま、ここ）」にあると言ってもよい。また、本書の中で述べてきたように、そ

もそも時間あるいは時間性ということ自体が、根源的な現在（原・現在性）からの派生物である。そして仏教は、既に見たように、**「内在」という方向**につきぬけることを目指すから、そうした根源的な現在の、さらにその底のレベル——時間や現在そのものが生まれ出る前の次元、とでもいうべき場所を目指す。つまり、端的に言えば**「現在の底にある永遠**（＝無・時間性、超・時間性）」を目指すのである。このような態度からすれば、時間のイメージは、まさに図のC（円環的／重層的時間モデル）のようなものとなるだろう。

他方、人間のもうひとつの特質、とりわけ他の生物と対比した場合の人間の特質は、他でもなく（b）の「未来志向性」である。いかに「現在」が苦難に満ちたものであっても、そこから抜け出し、つまり「未来」をもち、希望する存在、それが人間である、と言うことができる。そして、キリスト教の場合には、とりわけ「苦難を通じての救済」というモチーフが中心にあるから、その意味でも本質的なのは「現在充足性」以上に「未来志向性」である。そしてキリスト教は、既に見たように、**「超越」という方向**につきぬけることを目指すから、そうした究極的な未来の、さらにその先のレベル——歴史の終着点の、あるいは時間の果ての、さらにその先の世界、とでもいうべき場所を目指す。つまり、仏教とは異なり、そこで目指されるのは端的に言えば**「未来の果てにある永遠**（＝無・時間性、超・時間性）」である。このような態度からすれば、時間のイメージは、図のA（終末論モデル）のようなものとなるだろう。

このように、キリスト教も仏教も、「永遠」、つまり私たちが生きる現象的な世界を超えた（つきぬけた）、ということはすなわち、この世界の「時間」を超えた次元を目指し、またそれを確かめることを通じてこの世界に再び深い価値を見出す、という点ではまったく共通している。両者は、そこへ到るためのアプローチが違うのであり、言い換えれば、「**永遠」を位置づける場所**が違っているのである。「現在の底にある永遠」か、「未来の果てにある永遠」か。しかし、ここで私はむしろその共通性のほうを強調しておきたいと思う。なぜなら、両者のベースにある、世界に対する基本的な態度として挙げた、「現在充足性」と「未来志向性」とは、人間にとっていずれも深い意味で本質的なものであり、そのいずれかひとつだけを選ぶ、ということは本来ありえないものだからである。

比喩的な言い方になるが、ちょうど（生物としての）人間にとって「父」と「母」の双方が必要であるように、あるいは、「父性原理」と「母性原理」というものが、その内容それ自体は互いに対立するものであるけれどもその双方（のバランス）が必要であるように、人間にとって「現在充足性」と「未来志向性」、あるいは「内在」と「超越」という、それ自体としては互いに異なるベクトルは、両方必要なものなのである。したがって、それを時間観や歴史観というかたちで対象化・分節化して表すと、図のA（終末論モデル）

とC（円環的／重層的時間モデル）のようにおよそ違ったものとなって両立不可能のように見えるけれども、両者はもともとは人間が根源的にもっている二つのベクトルから派生したもの、と考えるべきではないだろうか。

したがって、非常に奇妙な、突拍子もない考えのように響くことを覚悟であえて言うならば、キリスト教と仏教の時間観そして世界観は、内容的には互いに対立しつつも、人間あるいは個人にとっては両立ないし共存可能なものである、と私自身は考えたい。言い換えれば、**キリスト教と仏教とは、一人の人間にとって「二者択一」の関係にあるのではなく、したがって、象徴的に言えば、ある個人がキリスト教徒でありかつ仏教徒であるということは可能なのではないだろうか。**

むしろ、（ちょうど人間にとって父性原理と母性原理が補完的であるように）両者（キリスト教と仏教）の時間観や世界観は人間にとっていわば補完的な関係にあるといえるのではないだろうか。実際、先のフォン・フランツの時間観のように、キリスト教の場合であっても（仏教的な）「現在の根底にある永遠」という発想を深部にもっているし、逆に浄土系仏教などがその時間観を含めてきわめてキリスト教的な志向性をもっているという具合に、キリスト教や仏教の内部においても、自らに希薄な部分を補完するような動きが（明示的であるか否かを問わず）存在しているように思えるのである。

そして、こうした認識は、近年様々な場面（その中にはターミナルケアに関する場面が含まれる）で関心の対象となっている「**スピリチュアリティ**」——**すなわち個々の宗教や教義を超えた、しかし人間にとって不可欠な「たましい」の領域に関わる次元**——をめぐる議論と呼応するものであるだろう。

†永遠の意味

そして、最後に究極の問いがある。それは、こうして本書のなかで繰り返し述べてきた「永遠（すなわち無・時間性、超・時間性）」とはいったい何か、という問いである。もちろんそれは、「死」とは何か、という問いとぴったり重なっている。

正直なところ、現在の私は、それを十分に明確に表す言葉を持ち合わせていない。また、そもそもそれは言葉、少なくとも論理的な言葉で表現するという範囲を超えていて、芸術家がそうするように、何らかの象徴的な表現を通じて表すことしかできない、と感じることもある。ただここでは、不十分ながらもそれを硬質な言葉で考えうる限りで表してみたいと思う。

いま述べようとしているのは「永遠」についてであり、それは先ほどふれたように「死」ということと重なっている。

個人のレベルで見れば、それは私自身を含め、人が「そこ」から生まれ出てきて「そこ」に帰っていくような場所のことである。また人間全体あるいは宇宙全体にとっても、「時間」をもったこの世界がそこから生まれ、そして最後はそこに帰っていくような、それ自体は「時間」を超えた場所のことである。私はこれを、以前の著作の中で「たましいの帰っていく場所」と呼んできた（拙著『ケアを問いなおす』）。

したがって、ここでいう永遠とは、私という個人のレベルや宇宙全体のレベルの両方を含めて、「時間のある世界」の前後をはさみ込み、あるいは「時間のある世界」という〝島〟にとって〝海〟のようなものとして存在するような、それ自体は時間を超え出た世界のことである。

本章において見てきたように、仏教やキリスト教といった高次宗教は、私たちが生きるこの世界との関係でそうした永遠を位置づける場所は大きく違っているにもかかわらず、それをこの世界あるいは宇宙にとっての究極の存在としてとらえてきたという点では共通していた。

たとえばキリスト教の場合は、それに「永遠のいのち（生命）」という明確な表現を与える。『新約聖書』にはこの言葉が繰り返し出てくるが（佐古純一郎『新約聖書を語る』によれば、「永遠のいのち」という言葉は『聖書』の中で四〇回以上出てくるということである）、それはたとえば次のようなかたちをとるものである。

わたし（引用者注：イエス）を遣わした方のみこころは、わたしに与えてくださったすべての者を、わたしがひとりも失うことなく、ひとりひとりを終わりの日によみがえらせることです。事実、わたしの父のみこころは、子を見て信じる者がみな**永遠のいのち**をもつことです。わたしはその人たちをひとりひとり終わりの日によみがえらせます。（「ヨハネの福音書」六―三九〜四〇、強調引用者）

既に確認してきたように、究極の未来においてこうした「永遠のいのち」を得ることがキリスト教の救済の中心にある。

一方、仏教の場合にも、たとえば大乗仏教に「法身《ほっしん》」という言葉があるが、これは「宇宙の根源的生命」ともいえるようなものである。それは目に見えず形もないものであると同時に、この世界あるいは宇宙のあらゆる現象の源であり、究極的な働きをなすような存在である。そして「私」という存在がこうした根源的生命に生かされてあることを自覚することが、解脱あるいは悟りということである（小林道憲『宗教をどう生きるか』参照）。

このように、仏教がその中心におき、また私たちが向かうべき場所として示すのもまた

「永遠のいのち」と呼べるものである。

ではそうした「永遠」あるいは「永遠のいのち」とはどのような世界であろうか。これが私たちに残された究極の問いである。

それは私たちがこの世界での生を終えた後に帰っていくような場所でもあるのだが、本書のこれまでの記述からすでに明らかなように、私たちはそれをいわゆる「死後の世界」のようなものとして考えるべきではない。なぜなら、「死後の世界」といった発想は、私たちがふだん自明なものと考えている「直線的な時間」を絶対的なものと考え、それを(自分の、あるいは宇宙の)死の後にも延長させるところに生まれる考えにすぎないからである。

つまり、**「死後の世界がある」という発想も、逆に「死とは端的な無である」という考えも、実は同じ土俵を共有している**のだ。同じ土俵とは、「時間とは直線的なものであり、そうした時間は宇宙や世界をはなれて独立に存在する」という、時間についての理解である。そのような直線的な時間の概念を前提にしたうえで、一方は「死後の世界」が「ある」といい、他方の側は「ない」と言っているにすぎない。

しかし私たちは本書の中でこうした時間についての観念が支持し難いものであることを見てきた。しかも、いま問題にしている「永遠」とは、あるいは「死」とは、そうした

「時間」そのものが存在しない世界のことなのである。だから私たちがとるべき立場は、「死後の世界がある」という考えでも、その反対の「死とは端的な無である」という考えでもないことになる。

†永遠とは／死とは

では一体「永遠」ないし「永遠の生命」とは、そして「死」とは、どのような世界ということになるのだろうか。

ここで、議論に具体的なイメージをもたせるために、遠藤周作氏の次のような比喩に耳を傾けてみよう。

氏は、『死について考える』と題された本の中で、死について、「永遠の沈黙」という言葉にそくして次のように述べている。

本当に人生の外には沈黙だけしかないのか、本当に永遠の沈黙だけだろうか。（中略）「沈黙」にはよく「氷のような」とか「永遠の」という俗っぽい形容詞がつきます。しかし沈黙にもいろいろあります。まったく何にもないナッシングの沈黙、空虚そのものの沈黙……それとは別に、フランスの有名な作家アンドレ・マルロオがいみじくもその大著の表題につけた『沈黙の声』の沈黙があります。それは「沈黙」というよりは「静けさ」ともいうべきかもしれません。

(中略) だから、私たちは必ずしも死の沈黙を絶対に無の沈黙・消滅の沈黙と重ねあわせることはできない気がするのです。茶室に正座している人は、茶室の静寂を内容空虚な静けさとは思いません。その空間のなかには、宇宙の生命にふれる何かが含まれています。禅室の静かさや無をたんなる虚無と思われる方はいないでしょう。(『死について考える』)

氏のこうした表現は、先ほど述べた〝「死後の世界」でもなく、「端的な無でもない」何か〟ということに、ひとつのイメージを与えてくれるものであるように思われる。

このようなことを、少し硬質な言葉で考えてみたい。少々理屈っぽい論となる面があるがお付き合いいただきたいと思う。

これから筆者が述べようとすることの結論は、「**死とは（ないし永遠とは）、有でもなく無でもない何ものかである**」ということである。

通常私たちは、「生とは有であり、死とは無である」というふうに考えている。しかしはたしてそうだろうか。

まず生についてであるが、考えてみると、私たちの生きるこの世界は、次のような意味で〝「相対的な有」と「相対的な無」の入り混じった世界〟ではないか、という理解が可能と思われる。

つまり、たとえば私がいま目の前のテーブルの上にあるコーヒーカップを見ているとしよう。コーヒーカップは私の前に確かに存在している。けれども、そのようにコーヒーカップを私が認識しているというとき、私は実際には私のほうには見えないカップの「裏側」もまた、(見えないけれども)確かにそこに存在していると了解している。いやそれどころか、そうしたコーヒーカップの、現在は見えない背面が当然に存在しているということがあって初めて、それは「コーヒーカップ」という物として認識されるのである。このように考えていくと、私たちが生き認識しているこの世界は、「有」に満ちているのではなくて、むしろそこにはいわば無数の「無」が介在しており、しかもそうした無数の「無」によってこそ、世界はある安定した秩序を保って存在している、と考えることができるのではないだろうか。

しかも、その場合の「有」は、次のような意味で「相対的」なものである。たとえばコーヒーカップが視覚像として「白く」見えるのは、背後にあるテーブルの薄茶色との対比においてはじめて、自らのその色を主張できるのであり、これは色彩に限らず最終的にはすべての属性について言えることである。つまり他との関係や対照をまって初めて浮かび上がるという意味で、「有」そのものもまた「相対的」である。

したがって以上を踏まえると、先ほどふれたように、私たちの生きている世界は〝「相対的な有」と「相対的な無」の入り混じった世界〟であるということが言えると思われる。

ここまで考えてくると、次のような、ある意味で常識破壊的な見方が可能となる。それは、「もし『絶対的な有』というものが存在するとしたら、それは究極において『絶対的な無』と一致するものであり、それがすなわち死ということに他ならない」という考えである。

いま述べたように、他との関係や無数の「無」の存在によって成り立っているのが私たちの生きるこの世界である。だとすれば、もしも「絶対的な有」——「純粋な有」といってもよいかもしれない——というものがあるとすれば、それは他とのいかなる関係性ももたず、自己完結的に「すべて」であるような何ものかである。ならばそれは「絶対的な無」あるいは「純粋な無」と一致するのではないだろうか。そして、そのような「絶対的な有＝絶対的な無」こそが、他でもなく「死」ということであり、また「永遠」あるいは「永遠の生命」であると考えられるのではないだろうか。

先ほど、ここでの私の結論が「死とは、有でもなく、また無でもない何ものかである」

と述べたのはこうした意味をさしてのことである。
つまり整理すると、私たちは通常、

生＝有

死＝無

というふうに考えている。しかしそうではなく、

生＝〝「相対的な有」と「相対的な無」の入り混じった世界〟（＝時間のある世界）

死＝絶対的な無＝絶対的な有（＝永遠）

というのがここでの主張でありまた結論である。

したがって、死は私たちが通常考えるような意味での「無」ではない。あえていえば、それは私たちがふつう言うところの「有」と「無」のいずれをも超えた、ひと回り大きな「何か」ではないだろうか。そしてそれは時間そのものを超え出ているという意味で「永遠」と呼べるものである。

キリスト教や仏教が「永遠のいのち」といった言葉あるいは概念で表現してきたものは、あえてそれを硬質な言葉で表そうとするならば、そのような何かなのではないだろうか。

私たちがこの世の生を終えた後に戻っていくところ、「たましいの帰っていく場所」はそうした場所であり、それは同時に、本書を通じて進めてきた、私たちの「〈深層の時間〉への旅」の究極にあるものなのである。

あとがき──転生そして「生者と死者の共同体」

「あとがき」に免じて少し個人的な思いを記すことをお許しいただきたい。時間そして死生観というテーマを扱う本書は、私にとって、（人生の）この時期にどうしても書かなければいけなかった、あるいは書きたかった本である。その意味ではある種特別な意味をもっている本といえるかもしれない。

筆者がもともと〝哲学的〟と呼べるようなテーマについてあれこれ考えるようになったのは高校三年のときで、その理由ははっきりしていて、卒業後の進路について個人的にいろいろと迷い悩むようになり、その中で「（進路の選択といったことを含めて）様々な行動や善悪の判断に迷ったとき、人間は最終的に何を価値判断のよりどころにすればよいのか」という問いを考えるようになったことが始まりだった。そうした問いは、いったん問い始めると連鎖的にいくらでも拡大していき、やがて「そもそも自分がこうして生き、世界を認識しているというのはどういうことか」といった疑問に比重が移っていった。

結局、大学に入ってからもずっとこうしたことばかりを考えるような日々が続き（また所属学部も法律専攻から科学史・科学哲学という学科に変更し）、似たような志向をもつ（？）

「哲学研究会」のメンバーたちともこの種の話題についていつも議論していたのだが、もともと物事を単純に考えようとする傾向のせいか――いまでも真理というのは本来ごくシンプルなものだと考えている――、ある時期（大学三年の終わりの春休み）に至って私にとっての上記のような悩み、問題は一気に「解決」した。今思えばまったく取るにたらない内容なのだが、「時間」についてのある種の理解の枠組みを考えることで、私にとっての問題だった上記のような問いに、統一的な答えが得られるようなひとつの世界観を考えついたのである（その内容は余りにも稚拙なものなのでここではふれないことにさせていただく）。

その当時はもう自分にとって哲学的な問題を考えることはすべて終わった、と心底思ったのだが、また実際、（二年間のモラトリアム期間をへて）社会人生活が始まったのだが、いま振り返ると、結局それはいわば〝第一ラウンド〟が終わったに過ぎなかったのである。必ずしも時期は明確でないが、三〇歳前後の頃から、結局「死」に関する問いが自分の中でほとんど解決されていないという意識が再び頭をもたげはじめた。ここでもし「生命観」と「死生観」という言葉をあえて対比的に使うとすれば、今回は明らかに私にとって問題だったのは後者（死生観）のほうだった。そうした問いが自分にとって大きくなっていった背景は様々にあったと思われるが、ひとつには、三〇代半ばとなり、（ユングや河合隼雄氏がいう）「人生後半期の課題」ということを次第に意識するようになったことが働いていたと思う。同じ頃に（官庁から大学へという）転職も経験し、現実的な面でも人生のひとつの節目の時期でもあった。要するに、本書の中でも何度かふれてきたように、「死との関係を含めたうえで、自分の人生の全体を意味づける作業」あるいは「生全体との関連において、死というものを自分の中でいかに理解し納得するかという作業」が大きくなっていったのである。結局本書は、私にとってのそうした〝第二ラウンド〟の模索の（なお結論に達したとはいえない）全体の、ひとつの決算のような内容となっている。

もうひとつ、関連する無視できない大きな要素がある。大学に移って社会保障や高齢化社会に関する講義やゼミを主に担当するようになったが、そうした場合、当初私は社会保障の制度面や、せいぜい福祉や医療のサービス面――「ケア」と呼べる次元――の話に内容を限定しようと思っていた。ところが、特に少人数のゼミの運営に関して、ゼミを進めていくうち、学生たちの関心が、そうした制度やサービスのもっと根底にある、哲学や、まさに死生観に関する話題に広く及ぶことがすぐにわかってきた。私は徐々に軌道修正をするかたちで、ゼミや講義の中でも「人間とはどういう生き物か」、「死というものをどう理解するか」、「公平な社会とは何をもってそういえるか」といったテーマを取り上げるようにしていった（考えてみれば、ターミナルケアなどの話題に限らず、ケアや医療・福祉、社会保障等々をめぐる問いは本来そうしたより根底的な問いと不可分のはずである）。

本書でも時々そうした経験について言及したが、それは私にとって非常に新鮮な経験だった。たとえば社会保障や医療政策といった内容の議論であれば、まずは制度や現実についての「知識」が相当ものをいう領域であり、しばしばそれは教師のほうからの〝知識の伝達〟という面を大きくもつことになる。けれどもいざ話題が死生観や人間といった領域に入ると、まったくそのようにはいかない。私自身が、ゼミなどでの発言・議論や、学生のレポート等々から意表をつかれるような新しい物の見方を示されたり発見をすることがしばしば起こる。同時に、本文でも書いたように、そうした過程で、死生観といったことに対する関心が学生たちの間で当初思った以上に広く存在していることに気づかされ、また、(レポートなどで)自分が学生だった頃に比べて——ひょっとしたら現在の自分よりも——はるかにそうしたテーマについて考えている、と感じさせられる経験がしばしばあった。そのような中で、死生観をめぐる問いが、現在の日本において、いわば「時代の問い」ともいえるような位置を占めていることを思うようになったのである。

こうした意味で、本書は、よくも悪しくも、先に記したような私自身の中での(ある意味でごく個人的なところから発する)問いと、それがいまの日本社会全体にとっての切実なテーマであるという問題意識とを、そのまま重ね合わせたような感覚をベースに書かれているといえるかもしれない。

*　*　*

内容的な点について少し補足しておこう。先にもふれたように、これだけのページ数を費やしてなお、死生観について本書が明瞭な結論に至っているとはいえない。むしろ「同じところをグルグル回っている」といったほうが正確である。そして何より、私自身が、死生観に関してある確固たるスタンスをもつに至ったとはいえない状態にある。「あとがき」になって今さらそんなことを言うな（本代を返せ！）、と怒られてしまいそうだが（この「あとがき」を最初に読まれた方は別として）、あえて言えば、それでもなお、死生観について「ここまではこう考えてよいのではないか」という、ひとつの導きの糸といえるものまでは示すことができたのではないか、と考え、またそう願っている次第である。

本書は、死生観というテーマを「時間」という主題を窓として追求してきた。結局は同じことになるかもしれないが、それを「私（あるいは自我）」という主題を切り口に整理し直すとどうだろうか。

（本書の中で退けた「死とはただ無に帰すること」という考えを除き、）「死」と「私」自身の関係については、つきつめれば次の四つの考え方に整理できるように思われる。

(A) 肉体は滅んでも「こころ」あるいは「たましい」は存在し続ける
(B) 死んだら「自然」(生命、宇宙) に還り、かたちを変えて存在し続ける
(C) 私自身の意識はなくなるが、かたちを変えて輪廻転生を続ける
(D) なんらかのかたちで「永遠の生命」を得る (仏教やキリスト教)

このうち (A) は「心身二元論」でありかついわゆる〝霊魂不滅〟の考えといえる。(B) はある意味で日本人に親和的な見方 (あるいは世界の多くの伝統的信仰に親和的な発想) である。しかしこうした考え方については、「第三の旅」の中で「自然そのものも死にゆく存在ではないか」という問いに行き当たり、「第四の旅」に歩を進めたのだった。他方、(D) は「第四の旅」でくわしく論じたように、仏教やキリスト教といった高次宗教が (内容やアプローチは違っても) そろって到達したような死生観=時間観=自我観である。

このように見ると、(C) の輪廻転生観は (B) と (D) の間にある、あるいは両者を媒介する、ある意味でおもしろい場所にある見方であることがわかる。「第四の旅」で、日本人の伝統的感覚にとっては輪廻転生ということがむしろ肯定的にとらえられることが多いという点にふれたが (この場合は内容が〔B〕に接近する)、他方、この世界=現世に

対する「マイナス」の感覚が強くなると、むしろ輪廻転生から「抜け出す」（解脱）ことが志向され、その先に（涅槃としての）「永遠の生命」に至るというのが仏教の考えである（この場合は〔D〕に到達する）。

同時に、（C）の見方は「私自身がかたちを変えて転変していく」という内容なので、ある意味で（B）や（D）よりも、私の存在の永続性（ないし死後の私の存在）ということについて、いわばより具体的なイメージを与えてくれるものといえるかもしれない。上記のような両義性＝曖昧性という点を含め、日本人に親和的なのはやはりこの輪廻転生観なのだろうか。

けれども、戦乱や苦難が社会をおおった鎌倉時代前後のような時代には、一方でキリスト教と同質の「救済」を志向する浄土系の仏教、他方で〝仏教の中の仏教〟ともいえるような禅仏教の双方が日本独自のかたちで展開したのである。それらはいずれも現世否定と、輪廻転生からの離脱を強く志向するものであり、そこでは「死」というものが、自然への回帰といった素朴なイメージから離陸し、徹底的に追求されることとなった。仏教学者の鈴木大拙は、こうして鎌倉仏教によって開かれ、その後も日本人の心に様々なかたちで浸透していった死生観の次元を「日本的霊性」――現代風にいえば「日本的なスピリチュアリティ」――と呼んだ。

こうして見ると、日本人の死生観と一口にいってもその内容は単層的でなく重層的であり、逆にいえば、日本人の心の中には、先に示した（A）〜（D）を含め、ほとんどあらゆるタイプの死生観——自然親和的ないし輪廻転生的なものから、そこからの離脱を志向するものまで——に向かう多様な要素が含まれている、といえるのかもしれない（だから私自身を含め、なかなか確固たる死生観に達しないのは当然かもしれない?!）。

ともあれ、いずれにしても、（A）〜（D）のいずれにも共通しているのは、「死は終わりではない」ということである。この点の確認こそが最大の分岐点である。そしてその先、つまり（A）から（D）までのどの見方を自分のものとするかは、極論すれば、その人自身の志向やなじみやすさに応じて、自分にふさわしいと思えるものを選び取っていけばいいのではないだろうか。あるいは、（A）から（D）までのどれかという選択ないし決断はしばらく「保留」にしておいて、いずれの場合でも「死は決して終わりではない」のだから、いわば安心して、そして自信をもって、生の充実に向かっていけばよいのである。

＊　＊　＊

最後に、以上の点とも関連するが、生者と死者の関係ということについてふれておきたい。

以前、キリスト教関係の資料に「教会は生者と死者がともに属する共同体であり、……」という言葉がさりげなく書かれていることに印象づけられたことがある。「生者と死者の共同体」とは、生者と死者との関係について、あるいは死そのものの意味について、様々な思いを喚起させる言葉であるように思われる。

こうした点に関し、最近、喪や死者を弔う儀式に関する文献を読んでいたら、次のような一節に行き当たった。そこではフロイトが以前論じた「喪の仕事（mourning work）」の考えと、そこからの発想の転換ということが述べられていた。それは次のようなことである。

フロイトは、自分にとって非常に近しい人あるいは愛する人を亡くした後の人間の心の動きを一時期研究の対象とし、その心の動きを冷静に分析するとともにその一連のプロセスを「喪の仕事」と呼んだ（その概要は小此木啓吾氏の『対象喪失――悲しむということ』（中公新書）に紹介されており、筆者は大学の頃この本を読んで印象づけられた思い出がある）。

それは当初の「否定」や「怒り」のような感情から強い抑鬱をへて受容、そして新たな再出発へと向かう時間的な過程なのだが（自己の死の受容に関するキューブラー・ロスの著作を連想する人もいるであろう）、先にふれた文献では、こうした考え方自体の背後にひそむ（近代主義的な）前提に、疑問が投げかけられていたのである。

それは、端的にいえば「死者は本当に消えてなくなったのだろうか」という点に集約される。フロイトのような考えでは、死者はもはや存在しないのだから、その者との情緒的な関係（attachment）を断ち切り、そこから回復（recover）し、新しい関係（new relationship）に向かっていくことが、何より大切なプロセスということになる。しかし果たしてそうなのだろうか、というのがそこで提起されている基本的な疑問である。そして、そうした（フロイト的な）考えに対して次のような見方を提案している（Klass et al (eds), *Continuing Bonds : New Understanding of Grief*, 1996 及び Hockey et al (eds), *Grief, Mourning and Death Ritual*, 1998）。

- 生者と死者（the living and deceased）との間の緊密なつながりの持続
- 一生を通じた、通常の喪の継続
- 死者を思い出すことと、生き残った者と死んだ者のアイデンティティーの再定式化との相互に関連し合ったプロセス
- 死者を送る作業の繰り返しと、喪の仕事への関わりの継続

こうした見方は、ある意味では私たち——戦後の高度経済成長をへた後の現代の日本人

という意味での――にとっては、額面どおりには受け取り難い、あるいは意表をつかれるような発想かもしれない。けれども同時に、こうした考え方は、むしろ日本人の伝統的な意識や感覚にとっては、なじみやすい、あるいはごく当然ともいえるような考えではないだろうか。

次のように考えてみよう。親しい者を亡くしたとき、死者は「無」であり、私は「生」の側にいて、そこにはどうしようもない絶対的な断絶があるかのように思える。けれども、当然のことながら、その私自身もやがて死ぬのである。しかも、これも当然の事実であるが、その者も、また私自身も、「死んでいる時間のほうが生きている時間よりもずっと長い」のである。

そのように考えていくと、長短はあれ、その者と自分とが(長い歴史の中で)ある時間を共有したという事実はほとんど奇跡的なことのように思われてくるし、同時に、一方が先に亡くなってもう一人が残っている期間について、それが絶対的な断絶だと考えるのはむしろ不自然で部分的な見方に感じられてくる。そして、上記の著作のように、生者と死者のつながりは持続するものであり、かつ喪の仕事は一生を通じて継続すると考えるほうが、より全体的な理解であると思えてくる。

以前別のところにも書いたことだが(拙著『ケア学』)、筆者の父親の出身地は山間部の相当な田舎だったので、小さい頃、夏休みなどにそこで墓参りなどをする時に、かすかに次のような感覚をもつことがあった。それは、墓参りのような行事は、都会では次第に形骸化し、あたかも生きている者がある種の慰みに行うことのようになっているが、むしろそうした田舎で墓参りなどをすると、十分に表現できないが、その「墓」の〝向こう側〟にある世界のほうがはるかに大きく、また時間的にも永続的なものであって、墓参りをしている人間のいる（この）世界のほうが、むしろ一時的なものである、と思えるような感覚が生じる、ということである。

それは私自身もやがてそこに帰っていく場所であり、その限りで生者と死者がともに属する場所なのである。本書で見てきたように、それが回帰する「自然」の世界か、転変してやまない「輪廻」の世界か、より理念的な「永遠」の世界かは、その人の育った環境や文化や信仰によって違ってくるかもしれない。しかしいずれにしても、生者の時間と死者の時間は、私たち現代人が考えている以上に、もっと連続しているのであり、そして現在は、「生者と死者の共同体」ということの意味を、あらためて問いなおしていく時代なのではないだろうか。

＊　＊　＊

本書が生まれるにあたっては、これまでもそうだったように、直接間接に多くの方との関わりや議論が不可欠のベースとなっている。ここで一人ひとりのお名前を挙げることはできないが、この場を借りて深く感謝の意を表したい。

なお、本書は基本的に書きおろしであるが、第二章（第二の旅）の部分は拙著『ケア学』（医学書院）の一部と重複していることをお断りしておきたい。

本書の出版に関しては、企画段階から筑摩書房の青山昭彦氏に大変お世話になった。筆者が本年四月より、米国ボストンのマサチューセッツ工科大学（ＭＩＴ）にて visiting scholar として一年間過ごすことになったため、本書は実質的には日本を離れる前にほぼまとまっていたものの、校正段階等で——加えてその最終段階ではＮＹでの「事件」も発生したため——何かとお手数をおかけすることにもなった。同じちくま新書として担当していただいた『ケアを問いなおす』とともに、本書は筆者にとって内容的に特別の意味をもつものであり、末尾ながら、心よりお礼申し上げる次第である。

二〇〇一年九月

広井良典

（その他）

小林道憲『宗教をどう生きるか』、NHKブックス、1998年

真木悠介『時間の比較社会学』、岩波書店、1981年。

河合隼雄『中年クライシス』、朝日文芸文庫、1996年。

河合隼雄『子どもの本を読む』、講談社α文庫、1996年。

渡辺恒夫『輪廻転生を考える――華麗なる死生学の誕生』、講談社現代新書、1996年。

田代俊孝編『現代人の死生観』、同朋舎出版、1994年。

相良亨『日本人の死生観』、ぺりかん社、1984年。

立川昭二『日本人の死生観』、筑摩書房、1998年。

村上陽一郎『生と死への眼差し』、青土社、1993年。

エリアーデ『永遠回帰の神話』、堀一郎訳、未来社、1963年。

フォン・フランツ『時間――過ぎ去る時と円環する時』、秋山さと子訳、平凡社、1982年。

ヤッフェ編『ユング自伝』、河合隼雄・藤縄昭訳、みすず書房、1973年。

ウェーバー『宗教社会学論選』、大塚久雄・生松敬三訳、みすず書房、1972年。

ブーバー『我と汝・対話』、田口義弘訳、みすず書房、1978年。

波多野精一『時と永遠』、岩波書店、1943年。

木村敏『時間と自己』、中公新書、1982年。

廣松渉「時間論のためのメモランダ」『事的世界観への前哨』、勁草書房、1975年。

広井良典『ケアを問いなおす――〈深層の時間と高齢化社会〉』、ちくま新書、1997年。

ダニエル・デネット『心はどこにあるのか』、土屋俊訳、草思社、1997年。

真木悠介『自我の起原』、岩波書店、1993年。

ニコラス・ハンフリー『内なる目――意識の進化論』、垂水雄二訳、紀伊國屋書店、1993年。

ローレンツ『鏡の背面』、谷口茂訳、思索社、1974年。

グールド『時間の矢　時間の環』、渡辺政隆訳、工作舎、1990年。

セーガン『エデンの恐竜』、長野敬訳、秀潤社、1978年。

内山節『森にかよう道――知床から屋久島まで』、新潮選書、1994年。

広井良典『生命と時間』勁草書房、1994年。

●俗なる時間と聖なる時間（第四の旅関係）

（仏教の時間）


水谷幸正『仏教とターミナル・ケア』、法蔵館、1996年。

鈴木大拙『日本的霊性』、岩波文庫、1972年。

三枝充悳編『講座仏教思想1　存在論・時間論』、理想社、1974年。

町田宗鳳『法然対明恵』、講談社選書メチエ、1998年。


（キリスト教の時間）


遠藤周作『死について考える』、光文社文庫、1996年。

遠藤周作『私にとって神とは』、光文社文庫、1988年。

鈴木秀子『神は人を何処へ導くのか』、クレスト社、1995年。

湯浅泰雄『ユングとキリスト教』、講談社学術文庫、1996年。

佐古純一郎『新約聖書を語る』NHKライブラリー、1998年。

クルマン『キリストと時』、前田護郎訳、岩波書店、1954年。

ブルトマン『歴史と終末論』、中川秀恭訳、岩波書店、1959年。

佐藤敏夫『永遠回帰の神話と終末論』、新教出版社、1991年。

参考文献

●現象する時間と潜在する時間（第一の旅）

『世界の名著　アウグスティヌス』、山田晶責任編集、中央公論社、1968年。

マッハ『感覚の分析』、須藤吾之助・廣松渉訳、法政大学出版局、1971年。

佐藤文隆『宇宙の創造と時間』、TBSブリタニカ、1995年。

ホーキング『ホーキング、宇宙を語る』、林一訳、早川書房、1989年。

ホーキング『ホーキングの最新宇宙論』、佐藤勝彦監訳、NHK出版、1990年。

●老人の時間と子どもの時間（第二の旅）

河合隼雄『青春の夢と遊び』、岩波書店、1994年。

鎌田東二『翁童論』、新曜社、1988年。

今堀和友『老化とは何か』、岩波新書、1993年。

品川嘉也・松田裕之『死の科学』、光文社、1991年。

●人間の時間と自然の時間（第三の旅）

ミンコフスキー『生きられる時間1』、中江育生・清水誠訳、みすず書房、1972年。

本川達雄『時間』、NHKライブラリー、1996年。

プリゴジン、スタンジェール『混沌からの秩序』、伏見康治他訳、みすず書房、1987年。

茂木健一郎『生きて死ぬ私』、徳間書店、1998年。

エレンベルガー『無意識の発見』、木村敏・中井久夫監訳、弘文堂、1980年。

ちくま新書
317

死《し》生《せい》観《かん》を問《と》いなおす

二〇〇一年一一月二〇日　第一刷発行
二〇一九年　二　月一五日　第七刷発行

著者　広井良典（ひろい・よしのり）

発行者　喜入冬子
発行所　株式会社　筑摩書房
東京都台東区蔵前二-五-三　郵便番号一一一-八七五五
電話番号〇三-五六八七-二六〇一（代表）
装幀者　間村俊一
印刷・製本　株式会社　精興社

ISBN978-4-480-05917-8 C0236

ちくま新書